TEORIA PURA DA *IMPOSIÇÃO*

ANÍBAL ALMEIDA
Professor catedrático da
Faculdade de Direito de Coimbra

TEORIA PURA DA *IMPOSIÇÃO*

O imposto proporcional;
O *"imposto de Procusto"*;
A progressão por classes;
A progressão por dedução;
A progressão por escalões;
O *imposto constantemente regressivo* (capitação);

O sistema fiscal português.

Reimpressão da edição de Setembro de 2000

TEORIA PURA DA *IMPOSIÇÃO*

AUTOR
ANÍBAL ALMEIDA

EDITOR
EDIÇÕES ALMEDINA, SA
Rua da Estrela, n.º 6
3000-161 Coimbra
Tel.: 239 851 904
Fax: 239 851 901
www.almedina.net
editora@almedina.net

PRÉ-IMPRESSÃO • IMPRESSÃO • ACABAMENTO
G.C. – GRÁFICA DE COIMBRA, LDA.
Palheira – Assafarge
3001-453 Coimbra
producao@graficadecoimbra.pt

Setembro, 2006

DEPÓSITO LEGAL
156431/00

Os dados e as opiniões inseridos na presente publicação
são da exclusiva responsabilidade do(s) seu(s) autor(es).

Toda a reprodução desta obra, por fotocópia ou outro qualquer processo,
sem prévia autorização escrita do Editor,
é ilícita e passível de procedimento judicial contra o infractor.

Advertência

1. O ensaio *analítico* sobre os mais importantes *tipos* de *imposição* que agora se publica não tem, que eu saiba, precedentes! Contudo, o seu interesse, hermenêutico e didáctico, parece tão flagrante, e a ausência de tentativas similares de tal maneira estranha que alimento a suspeita de que somente a ignorância me esconda o que antes outros tenham feito melhor, embora em termos semelhantes, sobre este tema...

Haja o que houver, contudo, o presente exercício de estilo singulariza-se, desde logo, por não conter quaisquer resquícios de uma *logomaquia marginalista* praticamente ubíqua, especialmente evasiva e estéril, que se traduz em *fingir* destacar o "ócio" do "*negócio*" (o seu fatal *avesso*...), colocando-«*os*» frente a frente, ambos terçando armas imaginárias como as que «bens» e «males», «públicos» e «privados», esgrimem entre si, num arremedo de «luta pela vida» travada *in mente* de um *homo oeconomicus* realmente *sem rival*, num modelo «analítico» *evacuado* de *personagens, instituições* e *história,* que o paradigma conformista se delicia em cultivar...

Desta maneira, o próprio título do actual estudo, francamente *imitado* de F. Y. EDGEWORTH (*The pure theory of taxation*, no vol. 7 de "The Economic Journal", de 1897), desde o início marcará *a diferença*: em lugar de "*tributação*" (que verteria, «naturalmente», o inglês '*taxation*'), ocorre aqui, agora, "*imposição*", por o termo preterido, sendo impreciso na precisa medida da distinção *sectorial* corrente entre direito *tributário* e direito *fiscal*, ter, desde sempre, vindo a servir de cobertura à recorrência sistemática da aludida logomaquia (como sucede, p. ex°, com *The theory of taxation* de Charles M. Allen, referenciada já a seguir, na nota 1). A alternativa ora preferida vai, de resto, ao encontro de uma segura tradição terminológica comum às línguas europeias de longo curso (com excepção, que eu saiba, da alemã), estabelecida a partir do latim '*impositio, ~onis*' (notoriamente, na origem de tudo), donde derivou directamente, *hoc sensu*, para o âmbito linguístico neolatino, desde o francês '*imposition*' ao italiano '*imposizione*', ao castelhano '*imposición*' e ao português '*imposição*', tendo passado, por via do francês, ao próprio inglês ('*imposition*'), em nada menos que quatro alcances deste vocábulo, os dois primeiros dos quais o mais recente *Petit Larousse, sub voce* '*imposition*', rege lapidarmente assim: '*n. f.* **1.** *Fait d'imposer, de soumettre qqn, qqch à un impôt, à une contribution.* **2.** *Procédé de fixation de l'assiette et de la liquidation d'un impôt*'.

2. Uma segunda prevenção, tornada necessária num país de ageómetras assegurado e intenso como é o nosso: Nas duras e escassas páginas dos primeiros cinco dentre sete parágrafos, que compõem o *cerne* do discurso que segue, usar-se-á de alguns dos *rudimentos* do *cálculo infinitesimal*, «concretamente» sob a espécie da *derivação* da *taxa* ('t', em princípio), da *colecta* ('c'), do *rendimento disponível* ('$m - c$') em ordem à *matéria colectável* ('m'), em relação à meia dúzia de tipos de impostos aqui tratados. A expressão analítica própria desses tipos de impostos, enquanto *funções de* 'm' é, todavia, muito simples, sendo, por isso, muito simples também a operatória da respectiva derivação; contudo, o impertérrito ageómetra por convicção que por aqui passar poderá entender tudo quase perfeitamente se, ao ler, «passar por cima» das expressões formais que seguem, por se tratar apenas, não já da velha *philosophia ancilla Theologiae* do velho S. Tomás, mas sim do corpo das *mathematics as a handmaid of sciences* segundo Samuelson, sempre ao humílimo serviço do *discurso verbal*. A diferença palpável é terem esses, que assim resolvam proceder, de contentar-se com a *palavra de honra*, do autor destas linhas (que aqui, solenemente, se deixa registada), de que *aquilo é assim*, como se *mostra* nas *figuras...*

3. Uma última nota: Uma vez que este estudo é um *primeiro passo* (em ambos os sentidos que se adivinham...) e, assim, também aqui, como o poeta *caminante*, 'se hace camino al andar', seria, certamente, mais modesto e exacto prepor ao actual título duas palavras do tipo "*Para uma...*". Porém, '*Vão os anos descendo*', e a pachora faltando...

Em todo o caso, *Vale!*

Antigo Colégio de S. Pedro
da Universidade de Coimbra,
28 de Agosto do ano 2000.

A. A.

P. S.: Por se reconhecer que um *simples* título, como o de agora ("*Teoria pura da imposição*"), nada diria ao comum dos leitores, na edição em livro foi-lhe aditada a lista dos seis *tipos de impostos* de que, *por essa ordem*, se trata aqui.

1. Quatro noções fundamentais

1.1.1 Existem duas modalidades de impostos quanto ao modo de fixação da *"quota individual"* (*colecta* do imposto, que se denotará por 'c'; o *«imposto»* a pagar; em inglês, '*tax liability*'): impostos *«ad valorem»* (ou *de colecta variável*, ou *«quota* variável») e impostos *específicos* (ou *de colecta fixa*, ou *«quota* fixa»). A distinção abrange *ambos* os tipos de impostos quanto à *determinação* da *matéria colectável* (doravante denotada por 'm': '*tax base*', em inglês): directos e indirectos ([1]); na primeira modalidade, a *colecta* é fixada *mediante* o *produto aritmético* de um *coeficiente* chamado *taxa* (doravante denotada por 't'; em inglês, '*tax rate*'), ou de um *elenco* pré-definido de coeficientes (*leque* de taxas), pela *matéria colectável*, ao passo que, na segunda modalidade, a *colecta* é (pré-)determinada ou (pré-)fixada directa ou *imediatamente*.

([1]) Cf, p. ex°, *rapidamente*, Charles M. ALLEN, *The theory of taxation* (Harmondsworth, Mx, UK, Penguin Books, 1971), § 2 (.2), '*Taxonomy of taxes*', pp 28-30. A tradição de reservar para os impostos *indirectos*, como exclusivamente sua, a dicotomia "impostos *«ad valorem» ou* impostos *«específicos»*", e reservar para os impostos *directos* uma outra («diferente») dicotomia ("impostos de *«repartição» ou* impostos de *«quotidade»*") não tem razão de ser, visto que, por um lado, *«ad valorem»* e "de *quotidade*" são expressões sinónimas, e que, por outro lado, os tais "impostos *de repartição*", que constituem hoje mera curiosidade histórica, foram "impostos *específicos*", com a "*especificidade*" de o terem sido, por definição, se não «analiticamente», ao menos «sinteticamente», ou seja, desde logo, em relação ao próprio *«contingente a repartir»*.

1.1.2 Cabe aditar, ainda, quando tal for o caso (nomeadamente, em relação aos impostos *directos*), às três antecedentes, uma quarta categoria fundamental: é a de "rendimento *disponível*" (ou seja, *após* o imposto; em inglês, '*disposable income*'). Quando se trate de uma *matéria colectável* «anteriormente» definida como "*rendimento*" (o que, aliás, é pressuposto doravante, salvo aviso em contrário), a *matéria colectável* (m, como vimos) constitui o "rendimento *pessoal*" do contribuinte, mas sempre interessa, numa *tipologia* como a que nos ocupa, ter em referência permanente os reflexos das diversas espécies de *imposição* no "rendimento *disponível*" (formalmente, "$m - c$") dos contribuintes, que é "*o que mais importa*"...

1.1.3 Posto o que estamos em condições de proceder a uma primeira e muito simples (mas crucial) formalização, com base nas referidas noções ou categorias fundamentais, e que estará na base de toda a *análise* levada a cabo nas páginas seguintes. Com ela se definem, em termos simples e formais, três dentre as quatro categorias já definidas verbalmente nos dois primeiros parágrafos, provindo da primeira, de forma imediata, a quarta delas, *scilicet*:

$$c = tm \implies t = \frac{c}{m}; \qquad (1.1)$$

$$m - c = (1 - t)\, m. \qquad (1.2)$$

1.1.4 Importa, desde início — e tendo em boa conta a prevenção do § 1.1.2 —, explicitar quais os *limites* para que vale a terceira entidade introduzida no § 1.1.1 (ou seja, *nominatim*, o *coeficiente* 't': a *taxa* ou "leque de taxas" do imposto) e que, uma vez limitada, definirá, por si, implicitamente, quais os *limites* das outras três a que, em princípio, não haverá que impor limites próprios; esses limites são, *em princípio* (ou seja, *quando menos*), *respectivamente*, para os impostos *directos* e *indirectos*, $1 > t \geq 0$ e $t \geq 0$. A «subtil» diferença entre ambas estas cláusulas reside no seguinte: ao passo que os impostos indirectos poderão extorquir, a título de *colecta, mais que* o montante da *matéria colectável* (o que, aliás, sucede mesmo, pelo menos em casos em que ela se *defina* enquanto *rendimento...*), no caso dos directos (quer ela se *defina* enquanto *rendimento*, quer se *defina* como *fortuna* ou enquanto *riqueza*), a hipótese "$t = 1$" seria o puro *confisco* ([2])... Contudo, como seria sempre de esperar, trata-se aqui somente, ainda, de um como que *primeiro* ou *último limite*, uma vez que, como veremos já

([2]) No *outro extremo* do intervalo, $t = 0$ traduz-se numa *isenção fiscal*, precisamente o caso da *ausência* de imposto. É claro que a «*taxa zero*» poderá «aplicar-se» a uma dada *categoria* (em *qualidade* ou *quantidade*) de *matéria colectável*, «em princípio» abrangida na descrição *genérica* da incidência real do imposto, como sucede nos impostos directos com "*isenção na base*" e nos impostos indirectos «gerais» do tipo IVA em que, entre nós, a princípio, estava excluída da incidência real do imposto, precisamente, a despesa em mercadorias de consumo «necessário», fazendo parte do «cabaz de compras» (tidas por «*tributadas à taxa zero*»), prevalecendo hoje, aliás, na espécie, apenas duas de quatro taxas iniciais, por ter sido abolida a primitiva «taxa agravada» de 30 % sobre a despesa em «produtos de luxo», posto o que sobram apenas, das quatro primitivas, a «geral» (actualmente, 17 %) e a «reduzida» (5 %), mais a «taxa *intermédia*» de 12 %, recentemente introduzida para favorecer os empresários de «cafés e restaurantes»; mas, nestes casos, poderá entender-se estarmos em face de diversos impostos, embora semelhantes em relação a tudo o mais... Casos de impostos indirectos com uma taxa (taxa efectiva, ou apenas *virtual*, se se tratar de impostos *específicos*: ver o § 1.2.2) igual ou superior a 100 %, como o "IA" e o "ISP", são, entre nós, de tal modo *famosos* (em sentido *latino*...) que até têm servido como objecto contundente na luta eleitoral, é claro que *só* (e *sempre*...) *utilizável* pela «desprendida» *oposição* — «desprendimento» esse em relação à 'incumbency', está bem de ver: é que o *fenómeno* constituído por este tipo grosseiro de impostos é *permanente* e *global*...

(§ 3.1), nos impostos directos ocorrerá opor ao apetite potencialmente insaciável do exactor fiscal outro limite *máximo*, muito mais apertado que o *«extremo limite»* dado por "$t = 1$".

1.1.5 Ao longo deste escrito, recorrer-se-á, quase forçosamente, a expessões rudimentares do *cálculo diferencial* enquanto corpo de *formas lógicas* inevitáveis e insupríveis para presidir à forma(lização) das diferentes espécies de imposição em seguida tratadas, o que me leva, também forçosamente, a registar aqui, logo desde o início, uma importante prevenção.

Como é sabido, o *paradigma marginalista* trouxe consigo para a economia, (também) desde o início (nomeadamente, com William Stanley Jevons e Léon Walras, logo a partir dos primeiros anos da década de setenta do séc. XIX, «para não falar» dos precursores como Augustin Cournot...), os rudimentos do *cálculo infinitesimal* pedidos por empréstimo a manuais então correntes de *mecânica*, como é o caso dos de Poisson, utilizado por W. S. Jevons, e de Lagrange, expressamente reivindicado, e antes «adoptado» que «adaptado» por L. Walras. Dada *a passagem ao contínuo*, com a noção de *infinitésimo* e as relações de *vizinhança imediata* entre *variações infinitesimais* das várias variáveis, logicamente pressupostas pela disciplina, a importação quase *mecânica* dos instrumentos analíticos desde então incluídos, como peças de fundo, no discurso teórico, veio a conferir ao seu conjunto um carácter *epónimo*, na própria origem do adjectivo *«marginal(ista)»* posposto ao nome do (então) novo *paradigma*, cujos "*numerosíssimos*" cultores, de então para cá, se vêm entretendo, predominantemente, a estudar as categorias económicas como *funções* contínuas da *variável «tempo»* ([3]), embora as mais das vezes de modo

---

([3]) Ouso supor que o leitor interessado nestas questões de *«meta-economia»* conferirá com proveito o § 9 do meu ensaio *Prelúdio a*

só *implícito*, a par e à mistura com abusivos exercícios de uma «topologia *plana*» já *de si mesma* rudimentar e arrogante e, *na mistura*, de todo incoerente com o fio da meada...

No discurso que segue, poderão encontrar-se, *nem sempre* (ou mesmo *quase nunca*, «para não dizer» *nunca*...) *inconscientemente*, algumas expressões, cómodas e imprecisas, como *«antes»* e *«depois»*, relacionadas com *quantidades* ditas («constantes»,) *«crescentes»* e *«decrescentes»*, como as *funções* em que intervêm... Tratar-se-á, sempre, porém, *pelo menos aqui*, de relações *sincrónicas* ou *topológicas*, e nunca *diacrónicas* ou *cronológicas*, entre as diversas entidades ou *categorias* (*matérias colectáveis; rendimentos pessoais e rendimentos disponíveis; «taxas»* de vários tipos) coenvolvidas neste tipo de análise, de resto algumas já conhecidas, desde o primeiro momento, do leitor paciente... Trata-se sempre, pois, agora, aqui, de explorar *alternativas virtuais simultâneas*, postas *em disjuntiva*, do tipo das questões seguintes: *«O que sucederá se m for de tal ou tal tomo, e o tipo de imposição este ou aquele?».*

Feita esta prevenção, fiquemos entendidos, pedindo eu vénia ao leitor generoso para prosseguir sem mais, e sem que algum eventual deslize em seguida ocorrente deva servir de *«contra-exemplo»* à arrogada bondade intrínseca de uma honesta (in)tenção...

1.2.1 É óbvio, no entanto, que só em casos muito contados e muito simples as inter-relações daqueles três *"entículos"* (denominados por 'entitia' no latim *escolar do caput scholae Conimbricentium* Pedro da Fonseca), 'c', 't' e 'm', nos poderão ser dadas mediante uma *relação de produto simples*

---

uma reconstrução da Economia Política (Lisboa, Ed. Caminho, 1989) e, ainda, o mais recente (e especificamente conexionado com este problema) § 14.2 de uma lição intitulada *Sobre o "estado" ou "governo" como operador económico*, sep. do vol. 42 do BCE, de 1999.

do tipo da formalizada na expressão (1.1) e na imediata consequente (1.2); mais do que isso, sendo os *contribuintes* sujeitos à imposição tão *"numerosos"* quanto as *matérias colectáveis*, e sendo '*m*', naturalmente, diferente em quantidade para os *"numerosos* contribuintes" seus titulares ou utilizadores, só *um dos dois* sobrantes ('$\bar{t}$' ou '$\bar{c}$' ([4])) poderá ser *fixado* (como *constante*) *ou* ser deixado *livre* para ser definido enquanto *variável dependente* ou *função* da *variável* (*independente*) *m*, quer *como tal* (nos «casos simples»), quer mediante uma *expressão analítica* mais ou menos complexa, que então *terá que substituir*, nas equações do imposto, o *símbolo inicial*: essa primeira possibilidade é a que ocorre, precisamente, nos *dois* «casos *mais* simples» (o *primeiro* e o *último*) dos *cinco tipos* que nos propomos analisar: o do *imposto proporcional* (com $c = \bar{t} m \Rightarrow \bar{t} = cm^{-1}$ como *proporção fixa*, segundo o próprio *nome* deste *tipo* de imposto, e *c* e *m* como entidades *directamente proporcionais*), e o do *imposto constantemente regressivo* que *é a capitação* ('*poll tax*' ou, em geral, '*lump-sum tax*', em inglês corrente), agora antes com $\bar{c} = tm$ como *grandeza fixa* e *t* e *m* como entidades *inversamente proporcionais*, sendo, no caso, $\bar{c}$ a *colecta prefixa* ou *pré-determinada imediatamente* (*sem a mediação* de uma *taxa*), constituindo o *quantum* a pagar por cabeça ou *per capita* («*Quem não tiver cabeça, não paga nada!*»...), *entículo* «*final*» este ($\bar{c}$) que assim assume a natureza «*impessoal*», «*cega*» como a «*justiça*», de uma *colecta universal*.

1.2.2 Os "impostos *específicos*" ou "de *colecta* (ou «*quota*») *fixa*" não têm *taxa*, posto que neles (em relação a eles), como já se referiu, a "norma fiscal material" *fixa* ou *pré-determina, imediatamente*, a própria *colecta*, sem, para tanto,

---

([4]) Por convenção universal, um símbolo *literal* com uma *barra horizontal* por cima (como, p. ex°, '$\bar{c}$', '$\bar{d}$', '$\bar{f}$' e '$\bar{t}$', que virão a seguir) ocorre a denotar «montante *fixo*», i. e., "*constante*".

estatuir alguma conexão expressa, e de carácter permanente, com a *matéria colectável*. Sempre pode, contudo, atribuir--se-lhes uma taxa *virtual* que, em relação a cada *matéria colectável* (*ou* cada contribuinte, seu titular), se pode definir como o coeficiente (*razão* ou «percentagem») «por meio» do qual, «virtualmente», «alguém» ou «algo» é tributado: «*à razão de...*».

A determinação da *taxa virtual* é óbvia e muito simples: Se a alguém, possuidor ou adquirente de m, for exigido $\bar{c}$, «alguém» há-de pagar «*à razão de*» $\bar{c}$ por m («*na proporção*» de $\bar{c}$ para m), donde se segue, imediatamente (cf a expressão (1.1)), que $\bar{c} = tm \Rightarrow t = \bar{c} \, m^{-1}$, sendo, portanto, '$t$', neste caso, uma *taxa virtual* (isto sem insistir no preciosismo de notar este 't' de maneira diferente...).

1.3 Como se acaba de dar a entender (ver o § 1.1.2), para a *mecânica terrestre* do presente exercício interessa, sobretudo (ou mesmo quase só), a categoria dos "impostos *directos*", pela razão seguinte: mesmo a uma *análise* lógica (quase...) *pura* como esta, interessa sobretudo o domínio dos "impostos *pessoais*": isto em virtude de só neles a "incidência *pessoal*" cobrar relevo próprio, dado tratar diferentes grupos ou *categorias de sujeitos como tais*, e não enquanto sujeitos isolados, avulsos e anónimos, a atingir como que «às cegas»; e só nesse horizonte, tomando em conta os diferentes efeitos das diferentes espécies de *imposição* sobre o que fica aos contribuintes (em termos absolutos ou relativos) após a exacção fiscal (cf a expressão (1.2)), se poderá concluir algo de útil sobre as espécies de *imposição*, e algo de relevante sobre o sistema.

2. O imposto proporcional

2.1.1 A *espécie* mais *simples* de impostos directos «*ad valorem*» é o imposto *proporcional*, típica *espécie* do *género* "imposto *de produto simples*" em cuja "norma fiscal material" se institui uma *taxa única* ou *fixa*, como *coeficiente* de cuja aplicação universal às (ou de cujo *produto aritmético* pelas) "*numerosas*" *matérias colectáveis* resultarão "*numerosas*" *colectas*, que lhes serão, precisamente, *proporcionais*, em termos evidentes, implicitamente recondutíveis a uma «*regra de três* simples directa» ($\bar{t}$: 1 :: c : m), *scilicet*:

$$c = \bar{t}\, m \;\; \Rightarrow \;\; \bar{t} = \frac{c}{m}, \qquad (2.1.1)$$

com o que se *tira* (c) e o que se *deixa* ($m - c$) a *todos* segundo a mesma regra, enquanto *alíquotas* da unidade de m (i. e., do que se *tem*), seja qual for o seu *montante*:

$$m - c = (1 - \bar{t})\, m \;\; \Rightarrow \;\; 1 - \bar{t} = \frac{m - c}{m} \qquad (2.1.2)$$

(cf as expressões (1.1) e (1.2)): com quaisquer pares de c e m numa *proporção fixa* dada por $\bar{t}$, a taxa *única*, ou seja, *universal*, e assim se cumprindo, *simples* e *literalmente*, em matéria fiscal, o crucial princípio do "estado de direito", da "*igualdade* dos cidadãos perante a lei", *cobrando* a *todos* a *mesma percentagem* ($\bar{t}$) de "rendimento *pessoal*" (sendo esse o caso), *deixando* a *todos* a *mesma percentagem* ($1 - \bar{t}$) de "rendimento *disponível*":

$$\frac{c}{m} = \frac{dc}{dm} = \bar{t} \; ; \qquad (2.1.3)$$

$$\frac{m - c}{m} = \frac{d(m - c)}{dm} = 1 - \bar{t} \; . \qquad (2.1.4)$$

2.1.3 A pristina simpleza enunciada ou *exposta* («*delineada*») no anterior parágrafo poderá *retratar-se* com semelhante simplicidade desta maneira ([5]):

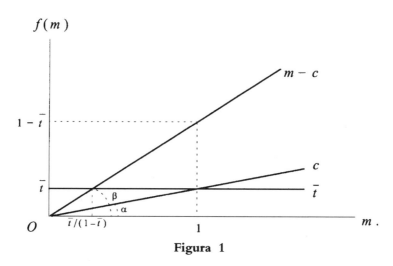

Figura 1

([5]) Na figura 1 estão representadas a *taxa*, $\bar{t}$, como «função *constante*» (com $d\bar{t}/dm = 0$), e a *colecta*, *c*, e o "rendimento *disponível*", $m - c$, como funções (linearmente) *crescentes* da *variável independente m* (com $d^2c/dm^2 = d^2(m - c)/dm^2 = 0$). No respeitante aos «materiais de *construção*», como é *visível* nesta figura, *c* corresponde, para cada *m*, ao produto $\bar{t}m$ dado, *graficamente*, pela *área do paralelogramo* de lados $\bar{t}$ (valores *constantes*, em *ordenada*) e *m* (valores *crescentes*, em *abcissa*, para valores não negativos da função $c \equiv c(m)$, de expressão analítica $c = \bar{t}m$, com $1 > \bar{t} \geq 0$), e os valores críticos das equações $\bar{t} = m$, $c = m$ e $m - c = 1 - \bar{t}$ resultam das *implicações* seguintes: $m = 0 \Rightarrow c = \bar{t}m = 0 \Rightarrow m - c = (1 - \bar{t})m = 0$; $m = 1 \Rightarrow c = \bar{t}m = \bar{t} \Rightarrow m - c = 1 - \bar{t}$; e, ainda, $m - c = (1 - \bar{t})m = \bar{t} \Rightarrow m = \bar{t}/(1 - \bar{t})$, sempre supondo, *naturalmente* (ver a figura 1), para $m > 0$, $c < m - c \Leftrightarrow c < 0,5\, m \Leftrightarrow c/m = \bar{t} < 0,5$. Os *ângulos* α e β, dando o *declive* (positivo) das semi-rectas (ascendentes) *c* e $m - c$, cujas tangentes são as derivadas $dc/dm = \bar{t}$ e $d(m - c)/dm = (1 - \bar{t})$, são, obviamente, também *constantes* (para qualquer *m*), medindo α cerca de 5° 42′ 22″ (tan 5° 42′ 22″ ≈ $\bar{t}$ = 0,1) e β cerca de 42° (tan 41° 59′ 14″ ≈ $1 - \bar{t}$ = 0,9), se a *constante* $\bar{t} = c/m$ (a *taxa fixa* do imposto) for de $\bar{t} = 0,1 \equiv 10\,\%$. Notar-se-á ainda, finalmente,

2.2.1 As coisas, no entanto, numa realidade social sempre complexa e cada vez mais complexa, nunca serão tão *simples*. Ao instituir um imposto (directo) *proporcional*, não será crível que se não estabeleça, num "n° 2" do mesmo "artigo" cujo "n° 1" contém a norma que enunciou os *elementos essenciais* da *relação jurídica fiscal*, uma "*isenção na base*", que equivalerá à "isenção do *mínimo de existência*" (digamos, '$\overline{E}$') se se tratar de um "imposto único sobre o rendimento das pessoas singulares"; em todo o caso, uma vez introduzida, num *imposto directo proporcional*, uma "isenção na *base*", equivalente à introdução de uma *segunda* (*primeira*) taxa (a *taxa zero* da *isenção...*), sem a adopção de uma *medida* elementar e óbvia *de transição*, forçosamente sucederia que os titulares de alguns dos menores "rendimentos *pessoais*" *já* tributáveis ficariam com um "rendimento *disponível*" inferior ao de alguns dos titulares dos maiores "rendimentos *pessoais*" *ainda* não tributáveis, colocados na sua *vizinhança imediata*, o que constituiria um «*efeito secundário*» de todo indesejável, sem dúvida «*perverso*», de um tal sistema! Impõe-se, pois, no caso — até por imperativo de *mera* coerência *lógica* —, a adopção de uma medida óbvia, que é a de «decretar» que, «Em consequência da isenção na base, a ninguém poderá ficar um "rendimento *disponível*" inferior ao *tecto* da isenção» (digamos, '$\overline{E}$', de novo), assim se vindo a introduzir, implicitamente, no sistema uma *terceira* (*segunda*) taxa (*móvel* e *virtual*), *na transição* (de '0' para '$\overline{t}$'), configurada desta maneira ([6]):

---

que esta figura 1, *por excepção*, *pode* representar as relações entre as *variáveis* '*m*' e '*c*' e a *constante* '*t*' como que observadas «*à lupa*», na «*vizinhança imediata*» do *ponto de Origem* do *diagrama ortogonal*, porque qualquer «*ampliação*» sua para maiores valores absolutos das *variáveis* nada acrescentaria...

([6]) Nas expressões seguintes, além do usual símbolo '|', significando "*tal (ou tais) que*", figura ainda o signo '➡', aqui, agora e doravante significando "*é substituído/a por*", "*dá lugar a*".

$$m - c = (1 - \bar{t}\,)\, m \le \overline{E} \Rightarrow \bar{t} \rightarrow$$

$$\rightarrow l \mid (1 - l)\, m = \overline{E} \Rightarrow l = 1 - \overline{E}m^{-1}, \qquad (2.2)$$

para vigorar de um *ponto crítico* inicial até a um *limite* máximo ([7]) $m \le \overline{E}\,(1 - \bar{t}\,)^{-1}$; para valer, portanto, para matérias colectáveis localizadas no *intervalo*

$$m \in [\,\overline{E}, \overline{E}\,(1 - \bar{t}\,)^{-1}] \iff \overline{E}\,(1 - \bar{t}\,)^{-1} \ge m \ge \overline{E},$$

taxa de transição essa que se define em *função de 'm'* no intervalo assinalado e evolui nos termos de um importante trio de expressões,

$$l = 1 - \overline{E}m^{-1}; \qquad (2.2.1)$$

$$\frac{dl}{dm} = \overline{E}m^{-2}; \qquad (2.2.2)$$

([7]) Sem esta restrição (ou seja, se substituíssemos, *sistematicamente*, $\bar{t}$ por l; então, digamos, "*l*"), estaríamos em face de um imposto *decrescentemente progressivo* adepto a assegurar a literal *igualação* dos *rendimentos* ou das *fortunas* de todos os contribuintes (a tal "repartição *igualitária* da *riqueza* e dos *rendimentos*" preconizada, como uma meta implícita, pelo nº 1 do actual artº 103º da CRP, na primitiva redacção), precisamente à cota $m - c = (1 - \text{"}l\text{"})\, m = E$, que passaria então a constituir o *rendimento disponível universal*, após um imposto absolutamente «*igualitário*» (mais propriamente, perfeitamente *igualador:* um "imposto de *Procusto*", como veremos na nota 15), aliás no preciso *limite* de uma *tendência* ainda hoje consagrada pelo nº 1 do artº 104º da CRP ("O imposto sobre o rendimento pessoal visará a *diminuição das desigualdades*"), caso em que a taxa *móvel* progressiva (melhor, leque de taxas) "*l*" tenderia para os 100 % com o aumento (ilimitado) da matéria colectável *m*, uma vez que, tendendo *m* para o infinito, 'E' tenderia a tornar-se infinitesimal e "*l*" tenderia para a unidade (cf a expressão (2.2.1); ou seja, formalmente, $m \rightarrow + \infty \Rightarrow \overline{E}m^{-1} \rightarrow 0 \Rightarrow \text{"}l\text{"} \rightarrow 1$), tendendo a curva do seu gráfico assimptoticamente para a semi-recta paralela ao eixo das abcissas com ordenada igual a um (ver a figura 4).

$$\frac{d^2 l}{dm^2} = -2\overline{E}m^{-3}, \qquad (2.2.3)$$

(1) contendo a *expressão analítica* da *função contínua, monótona e infinitamente diferenciável* $l \equiv l\ (m)$ (na expressão (2.2.1)), (2) dando o *sinal* (+) da 1ª derivada de *l* em ordem a *m* (na expressão (2.2.2)) *sinal* de se tratar de uma função *crescente l* de *m* (ou seja, de um imposto *progressivo*) e, finalmente, (3) dando o *sinal* (-) da 2ª derivada de *l* em ordem a *m* (na expressão (2.3.3)) *sinal* de se tratar de uma função *decrescentemente crescente l* de *m*, ou seja, de um imposto *decrescentemente progressivo*, como veremos a seguir.

2.2.2 Esta modalidade *de transição* (ou *intervalar*) de *imposto progressivo*, surgida como que «por acaso», de maneira espontânea, *a meio* (ou *no início*) de um *imposto proporcional*, por imperativo de coerência, uma vez introduzida a *cláusula adicional* contendo a exigência de o fisco respeitar o "rendimento *disponível*" *não decrescente* (aliás *constante*, na referida "*zona de transição*"), $m - c \geq \overline{E}$ — mais propriamente, por via de uma *mera referência* à *categoria* do "rendimento *disponível*" $m - c$, formalmente estatuída na expressão (2.2) —, poderá ilustrar-se graficamente da seguinte maneira:

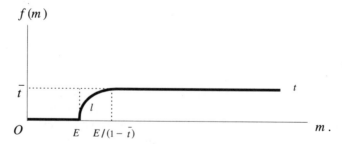

Figura 2

Como é *visível* nesta figura ([8]), de novo se sucedem, no nosso caso, em intervalos sucessivos, três (elencos de) taxas: (1) uma *«taxa zero»* (para o intervalo $\overline{E} \geq m \geq 0$), (2) um "leque" l de taxas (tais que $0 \leq l \leq \overline{t}$), para o intervalo definido no § 2.2.1 ($\overline{E}(1 - \overline{t})^{-1} \geq m \geq \overline{E}$) e, finalmente, (3) *a* taxa (que, *em princípio*, seria) «única» (e, assim, universal), $\overline{t}$, então valendo só para $m \geq \overline{E}/(1 - \overline{t})$ ([9]).

3. O imposto progressivo

3.1 A progressão contínua

3.1.1 É, em princípio, muito fácil elaborar um imposto progressivo em "progressão *contínua*", cuja *taxa crescente* se defina por meio de uma *expressão analítica*, como *função contínua, simples* (sem *outra variável* nem *termo independente*) e *crescente* da *matéria colectável* (a afectar, portanto, de um mero *factor de escala* menor do que um). Não po-

---

([8]) Nesta figura 2, entre uma zona *inicial* de «taxa zero» e a zona *final* (contudo, *«principal»* e *epónima...*), de *taxa* fixa $\overline{t}$, perfila-se uma zona *intermédia* (*de transição*), de *taxa l, variável* (de 0 a $\overline{t}$), dando lugar a um intervalo de tributação *decrescentemente progressiva* (cf as expressões (2.2.2) e (2.2.3)). Como «exemplo numérico», poderemos considerar, p. ex°, os dados $\overline{t} = 0,1$ e $\overline{E} = 100$, assim obtendo, no *extremo* limite $m = \overline{E}(1 - t)^{-1}$ («posição de *indiferença*», com $l = \overline{t}$; cf a expressão (2.2) e a nota seguinte), $m = 100/0,9 = 111,(1)$ e $m - c = (1 - \overline{t})\ m = (1 - l)\ m = 0,9 \times 111,(1) = 100$, precisamente. *Para além* deste *limite*, teríamos "*l*" $> \overline{t} \Rightarrow m - c = (1 - "l")\ m < (1 - \overline{t})\ m$. Ainda para um «exemplo numérico», com $m = 112$ teríamos, p. ex°, "*l*" $= 0,10(714285) > 0,1$ e, *como sempre*, $m - c = 0,89(285714) \times 112 = 100 < 0,9 \times 112 = 100,8$.

([9]) Tratar-se sempre, na conjuntura, de "intervalos *fechados*" contíguos equivale, obviamente, a estatuir que aos seus *limites* ou extremos *contíguos* correspondem "posições de *indiferença*" no respeitante à taxa a definir.

derá, contudo, tratar-se de um imposto *constantemente* progressivo — e, muito menos, *a fortiori*, *crescentemente* progressivo —, pelo menos que o fosse *ilimitadamente*, pois tal equivalia a aceitar que a sua "taxa *móvel*", como função (*constantemente*) crescentemente de *m*, viesse a atingir, e a ultrapassar, os 100 %! A asserção é *intuitiva* ([10]), e a sua prova é muito simples: basta pensar na *sucessão* (na ordem *crescente*) dos *números naturais não menores do que zero* (os *inteiros positivos*), e associar-lhe, biunivocamente (ou seja, *termo a termo*), uma sucessão de submúltiplos (p. ex°, decimais), para se tornar óbvio que ambas as sucessões tendem para o *infinito* (*tecnicamente*, "para + ∞"), seja qual for a ordem (por ínfima que seja) de uma constante positiva, menor do que um, cujo produto aritmético pelos termos da sucessão de base dê origem à outra ([11])! Seja, p. ex°,

---

([10]) É a partir dessa mesma evidência que os tratadistas tradicionais têm sido levados a decretar que "o imposto *progressivo* tem *em si mesmo* [«*dialecticamente*»!] a sua própria *negação*", e a concluir que o facto de (*naquelas circunstâncias*, note-se bem...) se ter de pôr um «*termo*» à (versão *descontínua* ou *discreta*, *hoc sensu*, do seu esquema de) «*progressão* da taxa» (n)os levaria a «recuar», passando a um tal «imposto *degressivo*», que venceria o «*progressivo*» neste arremedo de «*luta pela vida*» de entículos nominais no domínio fiscal!

([11]) A sucessão numérica dos inteiros positivos e uma sua associada, via produto termo a termo pela constante 10^{-n}, seguem a forma lógica das séries *aritméticas*, A $(1 + gx) = \Omega$. Note-se, de passagem, que, como base em construção da "taxa *móvel*" de um imposto progressivo de "progressão *contínua*", nas suas três modalidades, serve perfeitamente a forma lógica das séries *geométricas* (e *aritméticas*), A $(1 + g)^x = \Omega$ (e A $(1 + gx) = \Omega$), da maneira seguinte: ou uma ou outra delas, *indiferentemente*, com $x = 1$, para a do imposto *constantemente* progressivo; a das séries geométricas *divergentes* (com $x > 1$), para a do imposto *crescentemente* progressivo, e a das séries geométricas *convergentes* (com $1 > x > 0$), para a do imposto *decrescentemente* progressivo.

o par de sucessões numéricas seguinte (já com a *cor* ou o *ar* de um «imposto», com "*t*" para a "taxa *móvel*") [12]:

$$c = 10^{-n} \, m^2 \quad \Rightarrow \quad \text{``}t\text{''} = \frac{c}{m} = 10^{-n} \, m \quad \Rightarrow$$

$$\frac{d\,(10^{-n}\,m)}{dm} = 10^{-n}\,; \qquad \frac{d^2\,(10^{-n}\,m)}{dm^2} = 0,$$

i. e., a "taxa *móvel*" "*t*" aumenta na *proporção* de 10^{-n} em relação ao aumento da matéria colectável *m*, sendo, pois, o imposto *constantemente progressivo*. Como é patente, a taxa atinge os 100 % no seguinte «momento»:

$$\text{``}t\text{''} = 10^{-n} \, m = 1 \quad \Rightarrow \quad m = 10^n$$

(supondo, p. ex°, que $n = 3$, a taxa "*t*" $= 0,001 \; m \equiv 1‰$ de *m* atingiria os 100 % com $c = \text{``}t\text{''}m = m$, para $m = 1\,000$).

3.1.2 Não bastaria, no entanto, parar aqui (mais própria e razoavelmente, *bastante antes daqui...*) pois, como vimos, há que evitar, também aqui, o «efeito perverso» verificado no § 2, ou seja, que a subida da taxa vá para além do ponto em que o aumento do "rendimento *disponível*"

$$m - c = (1 - 10^{-n} \, m) \, m,$$

---

[12] Importante é notar que as duas *formas lógicas* do § 1.1.3 não passam disso mesmo, não podendo servir para operar, a partir delas, com qualquer '*c*', '*t*' ou '*m*' (ou expressões compostas a partir delas, como, p. ex°, '*m − c*') que se inter-relacionem *funcionalmente*, devendo, então, passar-se a operar com a respectivas *expressões analíticas*. É isso, exactamente, o que se passa agora com a *categoria* "*t*" $\equiv t \, (m) = 10^{-3} \, m$.

nulo naquele nível de $c = m$ (com $m = 10^n$), se torne *decrescente*, o que, obviamente, viria a suceder a partir de um "*extremo relativo*" da curva $m - c$ (um *máximo*, no caso), para m tal que

$$\frac{d(m-c)}{dm} = 1 - 2 \times 10^{-n} m = 0 \Rightarrow m = 0{,}5 \times 10^n$$

(de novo, p. ex°, para $n = 3$, com $m = 500$), nos termos da figura junta ([13]):

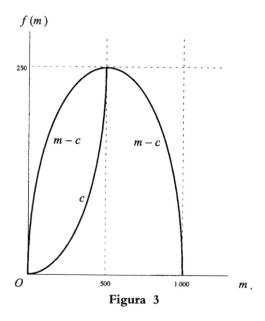

Figura 3

([13]) Nesta figura 3, figuram as curvas das funções c e $m - c$ de m numa escala dos valores numéricos das *funções*, em ordenada, óctupla da dos da *variável independente*, por pura e simples comodidade gráfica. De qualquer modo, como se torna óbvio, a semi-recta ascendente com origem em zero que representa a função "t" de m nunca podia figurar numa figura como esta, dado que os seus valores (com $m = 500 \Rightarrow$ "t" $= 0{,}5 \Rightarrow m - c = c = 250$, e $m = 1\,000 \Rightarrow$ "t" $= 1 \Rightarrow m - c = 0$), e os de m e $m - c$, são *incomensuráveis*, exactamente como na figura seguinte.

3.1.3 Interessa, pois, somente considerar, como casos viáveis de progressão contínua *pura* e *perfeita* (sem limites externos e remédios extremos de última hora...), eventuais espécies de imposto *decrescentemente progressivo*. Já conhecemos uma primeira *espécie* daquele *género*, que como que se nos impôs ou surgiu por si mesma no domínio anterior, do imposto *proporcional*, sob a figura do tal "imposto *igualador*", tão logo quando se nos impôs sustar, em desespero de causa, a ocorrência de iniquidades (aliás, automáticas e sistemáticas...), sob a espécie do "rendimento *disponível*" decrescente, na *transição* da "*dedução* na base" para a efectiva *imposição*. Retomando a espécie do § 2.2.1 (denotando por '*l*' a nova taxa *móvel*, em função de '*m*'), porém agora como caso geral, teremos, pois (para $m \geq \overline{E}$),

$$m - c = (1 - l)\, m = \overline{E} \;\Rightarrow\; l = 1 - \overline{E}m^{-1}; \qquad (3.1.1)$$

$$c = (1 - \overline{E}m^{-1})\, m = m - \overline{E}; \qquad (3.1.2)$$

$$\frac{dl}{dm} = \overline{E}\, m^{-2}; \qquad (3.1.3)$$

$$\frac{d^2 l}{dm^2} = -2\,\overline{E}m^{-3}, \qquad (3.1.4)$$

assim se definindo, como se viu no § 2.2.1, um imposto *decescentemente progressivo* de "rendimento *disponível*" constante, $m - c = (1 - l)\, m = \overline{E}$, em que, porém, a "taxa *móvel*", *actual* ou *efectiva* agora (em vez de *virtual*), *tende* a atingir os 100 % (a marca do *confisco*) para a matérias colectáveis muito elevadas, como é patente quanto ao *limite* do implicado da expressão (3.1.1), que aqui se reproduz:

$$m \rightarrow + \infty \;\Rightarrow\; l = 1 - \overline{E}\, m^{-1} \rightarrow 1$$

(cf a nota 7); um imposto, em suma, com uma *figura* como a seguinte,

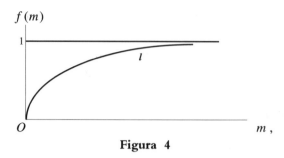

Figura 4

pois, na verdade, a curva l tende assimptoticamente para a abcissa de ordenada 1, i. e., a "taxa *móvel*" tende a atingir os 100 % (a marca do *confisco*), para a matérias colectáveis muito elevadas, e tanto quanto o necessário para igualar a $m - c = \overline{E}$ os rendimentos disponíveis dos mais ricos dos ricos que entretanto não tiverem «votado com os pés» [14] ...

---

[14] «Votar com os pés» ('*Voting by feet*'), naturalmente significando *«pôr-se na alheta»* (*fugir* para outro estado, de *imposição* menos pesada), é uma expressão utilizada com frequência na nova *teoria* (irredutivelmente *topológica*) *da competição fiscal*. Contudo, até esta expressão, mais que coloquial, algo grosseira, segundo a gíria da *«teoria (marginalista) da decisão»*, está vinculada à sua *estéril* exploração de rudimentos desconexos da *teoria dos jogos estratégicos*, *fingindo* que uma *paciência* ou um *jogo de salão* entabulado entre *um par* (*por excepção, um trio*) de "decisores *«soberanos»*" pode reflectir a realidade das actuais *democracias representativas*, e tem nela um sentido mais evasivo e lúdico que pode ver-se resumido, p. ex°, no manual de *Finanças Públicas* hoje talvez mais espalhado, desta maneira edificante: 'The preceding discussion has shown what the efficient solution would be like. As with the earlier discussion of social goods, defining the solution is only half the battle. The other is to consider how the solution may be reached. In Chapters 4 and 5 we concluded that a process of majority voting is needed to gain preference revelation, even though this can only yield a second-best solution. We now find that there may be another way, namely, "voting by feet." If we stipulate that each community is to defray its own cost of public services, individuals will find it in their interest to choose such communities

3.1.4 Ter considerado, em suma, a eventualidade (aliás muito frequente) de se estabelecer uma *isenção na base* ao instituir um imposto *proporcional* acaba de nos conduzir a ter de tomar em conta uma margem fixa mínima de *rendimento disponível* (cf a expressão (1.2)), dada, no caso, por m $(1 - l) = \overline{E}$, e, desse modo, a entrar em contacto com uma outra modalidade dos impostos (directos) no respeitante à relação da *taxa* com a *matéria* colectável: o "imposto *(decrescentemente) progressivo*", aliás na sua manifestação mais susceptível de ser tratada *analiticamente*: a "progressão *contínua*", que se distingue ou caracteriza, precisamente (como se viu), por essa relação constituir uma *relação funcional* entre ambas essas entidades: 't' (aliás, no caso, 'l'), precisamente enquanto *variável dependente*, e 'm' enquanto *variável independente* (aliás, no caso, para '$m \le \overline{E}$'). O "imposto *igualador*" (ou "imposto de *Procusto*" ([15])) é, no entanto, inaceitável no mundo em que vivemos, que mais não fosse pela *tendência* para o *confisco* abertamente

---

as will suit their particular preferences. Those who like sports will want to reside with others who are willing to contribute to playgrounds. Those who like music will join with others who will participate in building a concert hall, an so forth. Each community will do its own thing and preferences will be satisfied': Richard A. & Peggy B. MUSGRAVE, *Public Finance in theory and practice*, 5ª ed. (NY &c, McGraw-Hill, 1989), cap. 27.A (.11), p 453: E, após a vitória que se adivinha como final feliz da tal segunda *«meia-batalha»*, *«Todos viveram felizes para sempre»*, neste novíssimo arremedo de *«conto de fadas burguês»* «analiticamente correcto»!

([15]) O "imposto *igualador*" de que se trata aqui (cf a nota 7) mais mereceria o nome (ou o apodo) de *«imposto de Procusto»* ('*Procrustean tax(ation)*') que um outro ente, *igualmente inviável*, surgido coerentemente enquanto *inevitável corolário* de um *preconceito marginalista*, sob a espécie do alegado princípio da repartição dos impostos «segundo o *menor sacrifício*» (cultivado, p. ex°, há mais de um século, por F. Y. Edgeworth, aliás contra J. Bentham, no artigo citado no § 2 da *Advertência*), e vem descrito assim, num livro *aliás precioso*: 'That

denunciada no § 3.1.3. Por isso mesmo, neste nosso domínio, as coisas têm, forçosamente, de *mudar de figura...*

3.2 A progressão por dedução

3.2.1 A maneira mais simples, prática e aceitável de instituir um imposto (decrescentemente) progressivo é a chamada *espécie* da "progressão *por dedução*", modalidade de *progressão contínua* em que se *fixa* previamente uma taxa

---

principle [...] of Economy [*sic!*] would guide us to collect taxes from those incomes, or parts of incomes, of least utility to the community or the individual. The least useful parts are the last increments [*sic! Ver o § 1.1.5...*], and it is there that *a strict observance of the law of diminishing utility* would direct us, on grounds of economy alone, to levy all our pure taxes (for rules about progression or proportion are rules of *pure* taxes). But it is more than progression: it is *Procrustean taxation.* If the ten richest men in a nation had each an income of half a million a year, then the most economical [*sic!*] method of raising a million pounds in taxes would be to tax each of them to the extent of £ 100,000, and exempt the rest of the community. The "top" or least useful part of their incomes would be removed, since that part is not only the least useful to them, but is, on the average of men, less useful than any parts of lower incomes' (Robert JONES, *The nature and first principle of taxation*, Londres, P. S. King & Sons, 1914, cap. III.1, pp 186-7: *grifei*). Como se vê, tal seria um *imposto proporcional de 20 %*, com *isenção na base* até £ 500 000, e a eventual cláusula "$m - c$ **mínimo** = £ 400 000"...). Quanto a *Procusto* (que ocorre sob as formas de 'PROCRUSTO e PROCUSTO', segundo o velho 'Mr. Chompré'), azado paraninfo para tal (ou tal) cria, teria sido um ladrão crudelíssimo (por fim, vencido por Teseu), que atava as vítimas a uma cama de ferro e, quando necessário, as encolhia ou alongava até atingirem, em altura, o comprimento da cama (cf, p. ex°, Edith HAMILTON, *Mythology*, 1940, início do cap. 10), o que melhor convém a uma *medida universal, após o imposto*, do tipo $m - c = (1 - \text{"}l\text{"}) \ m = E$ (cf a nota 7), do que a este necessário e silenciado corolário lógico da *teoria marginalista* do *valor-sacrifício* ou *valor-benefício...*

formal '$\overline{f}$' (com 1 > $\overline{f}$ > 0) — o que, em princípio (como se viu no lugar próprio do § 2), conduziria a um imposto *proporcional* —, só, no entanto, se aplicando à *matéria colectável* (*m*) essa "*taxa formal*" após a *dedução* a '*m*' de um *montante fixo* ('$\overline{d}$', com $m \geq \overline{d} > 0$, obviamente), sendo a taxa *efectiva* ('*t*', como *quase* sempre) tanto *maior* quanto *maiores* se revelarem as "*numerosas*" matérias colectáveis:

$$c = \overline{f}\,(m - \overline{d}) = tm \Rightarrow \qquad (3.2.1)$$

$$t = \overline{f}\,(1 - \overline{d}\,m^{-1}); \qquad (3.2.2)$$

$$\frac{dt}{dm} = \overline{fd}\,m^{-2}; \qquad (3.2.3)$$

$$\frac{d^2t}{dm^2} = -2\,\overline{fd}\,m^{-3}, \qquad (3.2.4)$$

com $t \equiv t(m) = \overline{f}\,(1 - \overline{d}\,m^{-1})$ como *função contínua, monótona* e *infinitamente diferenciável*, com os sucessivos e infinitos valores de '*t*' em *sucessão decrescentemente crescente*, tendendo assimptoticamente para $\overline{f}$:

$$m \to +\infty \Rightarrow t = \overline{f}\,(1 - \overline{d}\,m^{-1}) \to \overline{f};$$

graficamente,

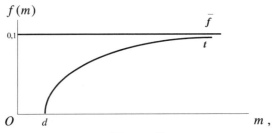

Figura 5

com $t \equiv t\,(m)$ tendo por assimptota a abcissa de ordenada $\overline{f} = 0,1$, p. ex°, como é *visível* nesta figura.

Como é também *visível*, nesta modalidade de progressão contínua, (1) a *dedução na base, fazendo parte da sua própria definição*, não ocasiona «problemas de fronteira» (vindo-se assim a *prevenir* o que de outra maneira importaria *remediar....*), (2) nem a taxa efectiva pode atingir os 100 %, e nem sequer o nível $\overline{f}$ (uma vez que, por elevada que seja m, $\overline{d}$ será sempre «um bocadinho» de rendimento pessoal sobre o qual não incide a *taxa formal* fixa $\overline{f}$),

$$1 > \overline{f} > 0 \wedge m \geq \overline{d} > 0 \Rightarrow t = \overline{f}\,(1 - \overline{d}\,m^{-1}) < 1,$$

(3) nem, afinal, o rendimento disponível se pode tornar decrescente, pois ele aumenta, visivelmente, com o aumento de m, sendo um *múltiplo de m*:

$$m - c = \overline{fd} + (1 - \overline{f})\,m \Rightarrow$$

$$\frac{d(m-c)}{dm} = 1 - \overline{f} > 0. \qquad (3.2.5)$$

3.2.2 Esta modalidade de progressão contínua é simples, nítida e viável e, como vimos, engloba, *ipso facto* (ou *por definição*), uma *isenção na base* (precisamente *na medida* de '$\overline{d}$', a prévia *dedução*: ver a figura 5); tem, contudo, o defeito de a sua taxa 't', para níveis de 'm' muito elevados, *tender* a dar lugar a uma imposição «*quase* proporcional», porque a dedução 'd', pesando embora sempre, pelo menos, «um bocadinho», vai progressivamente perdendo peso. Não pode, todavia, esse sério defeito levar-nos a supor que o único remédio (ou o melhor remédio; em todo o caso, o menos mau remédio...) seja o seu abandono: muito pelo contrário, como veremos já a seguir...

3.2.3 Pelas razões expostas, e por outros motivos (aliás, mais ponderosos e de carácter *institucional*, como vamos a ver), a *progressão por dedução*, embora coerente, simples e elegante (como acabamos de concluir), parece de excluir *qua talis*, i. e., «sem mais»...

Sucede, sobretudo, que, *em sociedade*, os *«indivíduos»*, embora o sejam e devam ser, não *interagem* como *átomos* (i. e., como *indivíduos*, pois os vocábulos são *sinónimos*), mas sim integrados em *grupos*, e com as *qualidades antagónicas* que definem e *marcam* os portadores de vários tipos de interesses *económicos* e as classes *sociais*, com seu reflexo no mundo do *direito*, principalmente (*radicalmente*) em relação a ambos os *pólos subjectivos*, de *interesses contrastantes* [16], que constituem o primeiro dos *elementos essenciais* da *relação jurídica*.

No *pólo oposto* da *relação jurídica fiscal*, o *estado, como tal*, detém, *em exclusivo* (i. e., *em monopólio*: monopólio *legal*), como um aspecto preeminente do (que lhe resta de) *ius imperii*, precisamente o *poder tributário*; por isso mesmo, *como monopolista*, detém a faculdade de absorver *potencial* de *rendimento* e de *riqueza* revelador, precisamente, de *uma «capacidade tributária»* («capacidade *de pagar*»: em inglês, '*ability*

---

[16] O *tipo* do *contrato stricto sensu* ('*Vertrag*') supõe, realmente, a ocorrência (e a persistência eventual) de *interesses contrapostos* de ambas as *partes* (*indivíduos* ou *grupos*), contra o que ocorre com a *convenção* ou *«acordo»* ('*Vereinbarung*'), em que todos os pactuantes prosseguem uma *finalidade típica comum*: confira-se Manuel de ANDRADE, *Teoria geral da relação jurídica* (Coimbra, Almedina, 1960), § 62 (.2.3), p 41 do vol. II. Isto, obviamente, da *perspectiva estrutural abstracta* (*in potentia*) de ambos os *tipos* negociais, pois todos sabem que há *convenções in actu* (matrimónios, sociedades, associações e fundações) irredutivelmente conflituosas, e há *contratos* propriamente ditos que se nos afiguram como podendo estabelecer (e até se proclamam como visando estabelecer) as tantas vezes reclamadas e sempre desejáveis *«relações mutuamente vantajosas»* de comércio internacional... Contudo, a *conflitualidade* está sempre *latente*, é o *alimento* da *estratégia* e constitui o mesmo *estofo* da *«concertação social»*.

to pay') ainda não "actualizada", que constitui, de resto, o único critério admitido pelo «estado *de direito*» para a *repartição* da *«carga tributária»* pelos *"numerosos* cidadãos" (mais propriamente, *"residentes"*...) ([17]).

Como *monopolista* (aliás, como se viu, em rígido regime de monopólio *legal*, única forma *quase* não afectada pela dita "concorrência *potencial*"...), o seu *poder de monopólio* tem conduzido o estado a intervir, nesta matéria, precisamente como tal, ou seja, *como monopolista*, dividindo o *seu* «mercado» em diferentes sectores por *categorias* (*grupos*, ou *classes*, ou *escalões*...) de «poder de compra», de modo a *absorver*, agora, a *«margem»* de, digamos, *«capacidade* contributiva»* excedentária ou não actualizada dos *"numerosos* contribuintes", ou seja, o equivalente (do outro lado do espelho) àquilo que Alfred Marshall designou como "renda dos *consumidores*" ([18]): no caso e em conjunto, e agora *do avesso*,

---

([17]) É este o *único critério* (ao menos, *confessável*...) para a *repartição* da *carga tributária* no *estado de direito*, como é sabido e está escrito, pelo menos desde o artº XIII da *Déclaration des droits de l'homme et du citoyen*, de 26 de Agosto de 1789: veja-se a nota 6 ao *Estudo 1* dos meus *Estudos de Direito Tributário* (Coimbra, Almedina, 1996[1], 2ª ed., 1999). Quanto à *questão* (*aqui*) *latente* — "*Direito Tributário*", "*cidadania*" ou "*residência*" —, cf a nota 22 do referido *Estudo 1*.

([18]) Recordaremos que, se se tiver estabelecido, em resultado da *«lei da indiferença»* (ou *«lei do preço único»*; ou *«lei de Jevons»*...), um preço *único* no mercado — tudo segundo o quadro (ideo)lógico da *«concorrência pura e perfeita»* marginalista... —, a cada preço estabelecido haverá demandantes (e ofertantes) que estariam dispostos a comprar mais caro (e vender mais barato), constituindo a *diferença* (*aritmética*) entre *produtos* (aritméticos) dos *preços* pelas *quantidades*, "*virtuais*" e "*actuais*", a categoria *«renda* dos concorrentes»: dos *consumidores»* (*'consumers' rent'*) e *«dos produtores»* (*'producers' rent'*; *sic*!). O fenómeno é notório, mas chamar *«renda»* àquela categoria, que se traduz numa *diferença* entre um *aditivo* "*potencial*" ou "*virtual*" e um *subtractivo* "*real*" ou "*actual*", é uma *«conta* de sumir» realmente *ideológica* (*alienada* ou *alheada*, pois), não *ontológica* ou *existencial*...

como *consumidores «anónimos»* de *alegados «bens* públicos», de produção pricipalmente financiada por *impostos*...

Convém, pois, ao *estado* (ou ao *poder político* no seu conjunto: *governo* e *oposição*), em termos «práticos» (ou aritméticos, artesanais e descontínuos), graduar *visivelmente*, por sectores, grupos ou categorias quantitativas (em *«quantidade ➡ qualidade»*, quanto à *matéria colectável* detida ou adquirida *nesse momento*), as *"numerosas"* matérias colectáveis dos *"numerosos* contribuintes", o que, aliás, dará lugar ao espaço lógico próprio do *regateio político* na discussão anual do *orçamento das receitas*, a começar, bem *à vista de todos*, no *plenário* dos *parlamentos*... Daí que as formas «práticas» de imposição tratem as manifestações de *capacidade tributária* dos cidadãos (e outros «residentes») segundo *grupos quantitativos*, e não segundo uma eventual medida universal suficientemente compreensiva cuja existência exigiria, aliás, o elevado preço representado por uma complexidade formal «praticamente» irredutível...

3.3 Modalidades «práticas» de imposto progressivo

3.3.1 A progressão por classes

3.3.1.1 Na progressão por classes, *logicamente* — usando os *signos* já conhecidos, mas doravante *indiciados* por $i = 1$, ..., n, eventualmente seguido de '± 1', para denotar, *em abstracto*, os n grupos de 'm_i' e *símbolos* congéneres —, um "nº 1" do "artigo" que contém a *quantificação* dos *elementos essenciais* (*quantitativos*) da *"norma fiscal material"* (no que respeita ao *"lançamento"* e à *"liquidação"* do imposto, i. e., à *"avaliação* da matéria colectável" e à *"fixação da quota* individual"), institui n grupos de *matéria colectável* ('m_i'), por ordem crescente dos respectivos *limiares* ('L_i') e *tectos* ('T_i'), e faz-lhes corresponder outras tantas (n) *taxas próprias* de cada grupo (*t_i*), que "incidirão realmente" sobre *toda* a matéria colectável de cada contribuinte, consoante o *intervalo (quantificado)* do *grupo* (a *classe*) em que ela se incluir; ou, *simbolicamente,*

$$m_i \in \,]L_i,\ T_i] \quad \Leftrightarrow \quad T_i \geq m_i > L_i.$$

3.3.1.2 De um "nº 2" daquele mesmo "artigo" irá constar, porém, forçosamente (por exigência da *mecânica* própria desta *modalidade* de *progressão*), uma medida de transição também já nossa conhecida (ver o § 2.2.1), segundo a qual, digamos, "A nenhum contribuinte poderá ficar um rendimento disponível inferior ao que lhe ficaria se a sua matéria colectável correspondesse ao tecto da classe imediatamente anterior"; ou, simbolicamente,

$$m_i - c = (1 - t_i)\ m_i \geq (1 - t_{i-1})\ T_{i-1}.$$

3.3.1.3 Pondo a questão '*Da capo*', começaremos por sistematizar a notação de base:

$t_i \equiv$ *taxa* própria da classe *i*;
$L_i \equiv$ *limiar* ou *base* da classe *i*;
$T_i \equiv$ *tecto* da classe *i* ([19]);
$m_i \equiv$ *matéria colectável* compreendida na classe *i*: $T_i \geq m_i > L_i$.

([19]) Será de notar bem que, nesta modalidade de progressão, o *limiar* de um grupo é sempre *superior* ao *tecto* do grupo anterior $(L_i > T_{i-1})$ — como depois veremos, as expressões usuais ao estabelecer os *limiares* das classes são do tipo «De mais de» ou «Superior a», por referência aos *tectos* das classes *anteriores*, prática também seguida, contudo inutilmente, na progressão *por escalões* —, embora ambos sejam *contíguos*, não ocorrendo, assim, «posições de indiferença» na transição, contra o que vimos suceder nos exercícios de *imposição contínua* a que nos dedicámos no § 2 (cf a nota 9). Porém, é evidente que os *inter-*

3.3.1.4 Posto isto, teremos que, segundo a *«regra»* ou *«princípio geral»* do "nº 1" daquele "artigo", a fixação da *colecta* do imposto (*'c'*) será extremamente simples, e dada por

$$t_i = \frac{c}{m_i} \implies c = t_i\, m_i \,.$$

3.3.1.5 Focando agora a «excepção» à «regra», teremos, formalmente,

$$(1 - t_i)\, m_i < (1 - t_{i-1})\, T_{i-1} \implies$$

$$t_i \rightarrow l_i = 1 - (1 - t_{i-1})\, \frac{T_{i-1}}{m_i} \qquad (3.1.1)$$

(cf a nota 5), e intervindo l_i para

$$m_i \leq \frac{1 - t_{i-1}}{1 - t_i}\, T_{i-1} \,,$$

ou seja, desde L_i até a

$$m_i = \frac{1 - t_{i-1}}{1 - t_i}\, T_{i-1} \qquad (3.1.2)$$

(«posição de *indiferença*»: vejam-se as notas 2 e 9), i. e., no intervalo

$$\frac{1 - t_{i-1}}{1 - t_i}\, T_{n-1} > m_i \geq L_i \,.$$

---

valos definidores das *classes* podem representar-se, indiferentemente, por três vias *formais* diferentes (em relação às *referências numéricas* dos seus *limites*): como $m_i \in [L_i,\ T_i] = m_i \in\,]T_{i-1},\ T_i] = m_i \in [L_i,\ L_{i+1}[$, salvo, contudo, para $i = n$, no 1º caso; para $i = 1$, no 2º caso; e para $i \geq n - 1$, no 3º caso, o que, como veremos na nota 24, nos força a recorrer, em simultâneo, a ambos os operadores.

Graficamente, temos, portanto, para L_1 e "λ_1" [20],

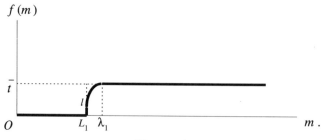

Figura 6

3.3.1.6 Focando agora, conjuntamente, a «*regra*» e «*excepção*», em termos puramente simbólicos ou formais, teremos, pois, *em alternativa*, o par [21] de *hipóteses* e respectivas *estatuições* seguinte:

$$(1 - t_i)\, m_i \geq (1 - t_{i-1})\, T_{i-1} \Rightarrow t_i = \frac{c}{m_i} \Leftrightarrow c = t_i\, m_i;\quad (3.1.3.1)$$

$$(1 - l_n)\, m_i < (1 - t_{i-1})\, \Rightarrow t_i \rightarrow l_i = 1 - (1 - t_{i-1})\, \frac{T_{i-1}}{m_i}.(3.1.3.2)$$

---

[20] Como o leitor atento observará, no gráfico que segue, em tudo semelhante ao da figura 2, por manifesta necessidade gráfica, $(1 - t_{i-1})\,(1 - t_i)^{-1}\, T_{i-1}$ vai denotado por "λ_i" (na *ocorrência*, «concretizado» como "λ_1"). Por outro lado, não se localizou aqui T_2, pelo que o gráfico tanto nos pode retratar, globalmente, um *imposto proporcional* com *dedução na base*, como um 1º «momento *lógico*» (uma «1ª» *secção*) de um *imposto progressivo por classes* (com uma 1ª classe de «*taxa zero*») e, assim, nos fica localizado, logicamente, na transição da (já distante) figura 2 para a seguinte figura 7.

[21] Entre ambas as hipóteses ocorre, como é óbvio, a «posição de indiferença» (tanto do gosto «marginalista»...) correspondente à equação restrita do implicando da expressão (4.3.1), a situação-limite à qual (e em virtude da *rasoura de Occam*) ainda não há que aplicar o novo *entículo* l_i:

$$(1 - t_i)\, m_i = (1 - t_{i-1})\, T_{i-1} \Rightarrow l_i = t_i.$$

Graficamente, e em geral, temos, portanto, para a presente modalidade de progressão, a figura seguinte ([22]):

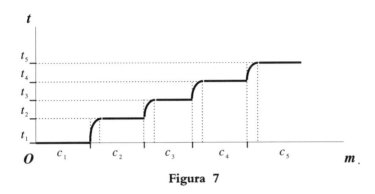

Figura 7

Por certo notará o leitor advertido a circunstância de, sendo os *limites* (*limiares* e *tectos*) dos *intervalos* correspondentes aos vários *grupos* (no caso, as *classes*) de *matéria colectável*, e as respectivas *taxas próprias*, quer uns, quer outras de construção «*artesanal*», não prevalece entre essas entidades nenhuma *norma de construção*, pelo que as expressões (3.1.3.1) e (3.1.3.2) — que lhe definem, tão abstractamente quanto possível, a estrutura lógica —, contêm meras *descrições* (formais embora) desta modalidade *irredutivelmente descontínua* de progressão, o que torna impossível elaborar, em lugar delas (ou para além delas), *expressões analíticas* de c e t enquanto *funções* de m.

A "progressão por *classes*" apresenta-se, assim, como uma «série» ou sucessão de impostos *proporcionais* com taxas *próprias progressivamente* mais elevadas, do que resulta uma progressão por *n graus* de uma *escala* (ou *n degraus* de uma *escada*; confrontar entre si as figuras 6 e 7), porém *entremea-*

([22]) Para não (sobre)carregar de notação simbólica o gráfico que segue, não constam dele, nos óbvios lugares próprios correspondentes a L_i, λ_i e l_i, os respectivos *signos*.

dos por *n* - 1 *zonas* (*regiões*) *fronteiriças* de "imposto de Procusto", ou «imposto *igualador*» dos rendimentos *disponíveis*", m_i - *c*, à taxa *móvel* 'l_i' (confrontar entre si as expressões (3.1.3.1) e (3.1.3.2)), dos contribuintes com matérias colectáveis localizadas nessas regiões, pelo que a *presente* (aliás, *pretérita*...) *espécie* constitui, na verdade, uma *deficiente* (diga-se mesmo, *arcaica*) «modalidade prática» de imposto *progressivo*.

3.3.1.7 Cabe, por fim, apresentar aqui novo «exemplo numérico», sempre tão estimado:

CLASSES	TAXAS
(1) de 0 a 100	0 %
(2) de mais de 100 a 200	10 %
(3) de mais de 200 a 300	12 %
(4) de mais de 300 a 400	15 %
(5) de mais de 400 a 500	17 %
(6) de mais de 500 em diante	20 %.

Seja, p. ex°, o problema da transição da 4ª para a 5ª dentre as seis classes de matéria colectável da tabela anterior: da «4ª classe» (m_4, a que corresponde a taxa própria t_4 = 15 %) para a seguinte (m_5, a que corresponde a taxa própria t_5 = 17 %); neste caso, o problema põe-se a partir da «vizinhança» de T_4 e L_5 — mais propriamente, para o *intervalo* entre "[um infinitésimo a] mais de 400" «unidades monetárias» e a «posição de indiferença» 409, 638 554 217..., pois, na verdade, então teremos, «em concreto», e a partir da expressão (3.1.3.1),

$$m_5 = \frac{1 - t_4}{1 - t_5} \, T_4 = \frac{1 - 0,15}{1 - 0,17} \times 400 =$$

$$= \frac{34\ 000}{83} = 409,\ 638\ 554\ 217...;$$

enquanto *taxa (móvel) de transição* teremos, por seu turno, e agora a partir da expressão (3.1.3.2),

$$l_5 = 1 - (1 - t_4) \, \frac{T_4}{m_5} =$$

$$= 1 - (1 - 0,15) \times \frac{400}{\dfrac{34000}{83}} = \frac{1}{6} = 0,1(6) \equiv 16,(6) \, \%,$$

com duas taxas *efectivas* ($t_5 = 17 \%$ e $l_5 = 16,1(6) \%$) que deixarão, a quem tiver $T_4 = 400$ e $m_5 = 408$ de *matéria colectável* (de "rendimento *pessoal*", digamos) uma mesma quantia (então, de "rendimento *disponível*") dada por

$$(1 - t_4) \, T_4 = (1 - 0,15) \times 400 = (1 - l_5) \, m_5 =$$

$$= (1 - 0,1(6)) \times 408 = 340,$$

sendo as colectas de, respectivamente, 60 e 68 «unidades monetárias» ([23]).

3.3.1.8 Em conclusão, a "progressão *por classes*" tra-duz-se numa sucessão de degraus, patamares ou socalcos, *contíguos* mas não *contínuos*, de matéria colectável, sobre que incidem *taxas constantes*, peculiares aos *impostos proporcionais*, ligados entre si, desconfortavelmente (como *medida de úl-timo recurso*), por $n - 1$ pequenas zonas ou regiões de *pro-gressão contínua «proc(r)ustiana»* nos interstícios das suas *n* clas-ses, tornando-se, obviamente, *proporcional* para matérias

---

([23]) E não (*note-se* expressamente...), para o segundo, os $0,17 \times 408 = 69,36$ que lhe seriam extorquidos sem a sábia medida do "nº 2" do nosso "artigo", o que o teria *empobrecido* em relação ao seu *vizinho* (antes mais pobre) *por mera acção do fisco*, pois ficaria só com $0,83 \times 408 = 338,64$, ou seja, com menos 1,36 que o seu *vizinho* ou *próximo*...

40   *Teoria pura da imposição*

colectáveis iguais ou *superiores* ao *limiar* L_n da n^a classe, i. e., da classe «*mais elevada*», *sem tecto* ou «*sem limite*»...

3.3.2 A progressão por escalões

3.3.2.1 A *descrição* desta modalidade de progressão da taxa (actualmente admitida de modo quase universal pelos diferentes sistemas tributários, devido à sua melhoria em relação à precedente) é normalmente enunciada pondo em relevo a *differentia specifica* da progressão *por escalões* em relação à *espécie* anterior (da progressão *por classes*) do *género* "progressão *por grupos* (de m_i)", que veio substituir: ao passo que, na progressão *por classes*, para o apuramento da colecta, a cada matéria colectável, m_i, se aplica, sem mais, a *taxa própria do grupo* (a *classe*, no caso) em que ela cabe, com a fatal necessidade de se adoptar uma "medida de recurso" já aqui analisada (no § 3.3.1.5), no caso da progressão *por escalões*, sendo a *matéria colectável* maior que o *tecto* do *1º grupo* ($m_i > T_1$), divide-se a matéria colectável em tantas parcelas quantos os grupos que nela cabem, aplicando-se às várias parcelas as *taxas próprias* dos *sucessivos grupos*, de 1 a $i - 1$, só se aplicando a *taxa própria do $i°$* escalão à *diferença* (*postiva*) entre a *matéria colectável* e o *limiar do $i°$ escalão*, que coincide com o *tecto* do $(i - 1)°$: $(m_i - L_i)\, t_i = (m_i - T_{i-1})\, t_i$ [24], sendo, pois, a *colecta* dada por uma *soma de produtos*.

-----

[24] Uma vez que, na "progressão por *escalões*", uma vez resolvido, *por construção, o problema da transição* entre grupos de matéria colectável, impera a identidade $L_i \equiv T_{i-1}$ (diferentemente do que sucede, como se viu na nota 19, na "progressão por *classes*"), seria de evitar, como evitável *duplicação*, o uso *simultâneo* de ambos esses entículos; porém, esse uso simultâneo, que nos permite aligeirar os índices e, obviamente, facilita o confronto entre essas duas modalidades «práticas» de progressão, torna também mais *transparentes* e

Se retomarmos, *mutatis mutandis* (cf a nota 19), a notação usada no § 3.3.1.3,

$t_i \equiv$ *taxa* própria do escalão i;
$L_i \equiv$ *limiar* ou *base* do escalão i;
$T_i \equiv$ *tecto* do escalão i;
$m_i \equiv$ *matéria colectável* compreendida no *escalão i*: $T_i \geq m_i \geq L_i$,

teremos, desta feita (supondo sempre, doravante, a ocorrênca $i > 1$),

$$m_i > T_1 \Rightarrow t = \frac{c}{m_i} = \sum_{s=1}^{i-1} \frac{(T_s - L_s)\,t_s}{m_i} + \left(1 - \frac{L_i}{m_i}\right)t_i, \quad (3.2.2.1)$$

expressão que contém a «descrição formal» da *espécie* (de imposto) e, implicitamente, a passagem ao cálculo da *taxa efectiva* após a operação.

3.3.2.2 Apesar do carácter *empírico* («*artesanal*») e pouco abstracto da expressão (3.2.2.1), e antes ainda de proceder a quaisquer das manipulações possibilitadas pelo seu latente potencial analítico, já, todavia, se nos torna possível *verificar* (aliás, ao arrepio de uma superstição muito amplamente difundida, e até professada...) que a "taxa *efectiva*", t, do imposto progressivo por escalões *tende* para a *taxa própria* do *último escalão* (o «escalão *mais elevado*», para o *máximo i = n*), t_n, sem, no entanto, *jamais* a alcançar;

---

intuitivas as expressões em que eles intervêm. E, decisivamente, verificamos que, como também já se observou em relação à progressão por classes (ver o final da nota 19), a «*indiferença*» em relação ao uso de L_i e T_{i-1} (ou L_{i+1} e T_i) não é perfeita, porque *se não definem* T_{i-1} para $i = 1$, e L_{i+1} e T_i para $i = n$, o que nos mostra ser, não somente *útil*, mas *necessário*, *algumas vezes*, o uso *simultâneo* dos dois operadores.

ou seja, *«analiticamente»* (pondo '*n*' em vez do '*i*' da expressão (3.2.2.1)),

$$m_n \to +\infty \;\Rightarrow\; t = \frac{c}{m_n} =$$

$$= \sum_{s=1}^{n-1} \frac{(T_s - L_s)\, t_s}{m_n} + \left(1 - \frac{L_n}{m_n}\right) t_n \;\to\; t_n . \qquad (3.2.2.2)$$

3.3.2.3 Há, no entanto, nada mais, nada mais, nada menos que *três* maneiras de enunciar (e de formalizar) o(s) processo(s) que leva(m) ao *apuramento da colecta* (e, quando menos, de uma forma latente, a uma diferente noção) do imposto progressivo *por escalões*:

$$c = t\, m_i = \sum_{s=1}^{i-1}(T_s - L_s)\, t_s + (m_i - L_i)\, t_i =$$

$$= L_i\, \tau_{i-1} + (m_i - L_i)\, t_i = m_i\, t_i - p_i . \qquad (3.2.3)$$

Realmente, nesta cadeia de equações figuram, desde logo, *três maneiras diferentes* (é claro que *equivalentes*) *de proceder*:

(1) Uma primeira, mais «descritiva» e «descomposta», segue, precisamente, aliás *passo a passo*, a *forma lógica* da «descrição verbal» reproduzida no § 3.3.2.1, e já aí formalizada na expressão (3.2.2.1), havendo apenas que explicitar agora as expressões da *colecta* e da *taxa efectiva* que, *«contas feitas»*, competirão ao "*arquétipo*" ("*tipo ideal*") que representa, logicamente, as "*numerosas* matérias colectáveis" dos "*numerosos* contribuintes"; ou seja, formalmente,

$$c = t\, m_i = \sum_{s=1}^{i-1}(T_s - L_s)\, t_s + (m_i - L_i)\, t_i \;\Rightarrow$$

$$\frac{c}{m_i} = t = \sum_{s=1}^{i-1}(T_s - L_s)\,\frac{t_s}{m_i} + (m_i - L_i)\,\frac{t_i}{m_i} , \qquad (3.2.4.1)$$

uma primeira modalidade de apuramento da (*colecta*, *c*, e) da *taxa efectiva*, *t*, já nossa conhecida.

(2) Depois, ocorre, formalizada na cadeia (3.2.3), a *descrição* do imposto e a *regra de cálculo* da *colecta* (e, implicitamente, a da *taxa efectiva*, ambas em cada caso) nos termos usuais da técnica legislativa, segundo a qual "O quantitativo d[a matéria] colectável, quando superior a $[T_1 = L_2]$, será dividido em duas partes: uma, igual ao limite [querendo dizer "limite *superior*", ou *tecto*] do maior dos escalões que nele couber $[T_{i-1} (= L_i)]$, à qual se aplicará a taxa da coluna B [antes chamada «taxa *Média*»] correspondente a esse escalão $[\tau_{i-1}]$; outra, igual ao excedente, a que se aplicará a taxa da coluna A (antes chamada «taxa *Normal*»; "*Normal*" (^{25})!) respeitante ao escalão imediatamente

---

(^{25}) Por convicção «marginalista» inteiramente deslocada na circunstância (ver o § 1.1.5), as *taxas próprias* dos vários escalões (as $n\ t_i$; '*bracket rates*', em inglês) designavam-se, tradicionalmente, na lei e na doutrina, por «taxas *marginais*», e as taxas *únicas* (*unificadas*) correspondentes à soma dos $i-1$ produtos das $i-1$ parcelas de m_i pelas $i-1$ *taxas próprias* dos escalões «anteriores», dividida pela soma das referidas parcelas, nomeadamente τ_1, ..., τ_{i-1} (tudo, obviamente, para $i > 1$), por «taxas *médias*». Uma nova tradução literal de uma nova sebenta (conforme o velho uso e costume, também exercitada a partir do francês pelos doutos mentores da, pelos vistos, *politicamente* irreformável «reforma fiscal dos anos 80») teve, contudo, por resultado que, no n° 2 do art° 71° do CIRS, havendo-se mantido, para as segundas, o discutível nome de «taxas *médias*», se substituíu, para as primeiras, o abusivo nome de «taxas *marginais*» pelo nome absurdo de «taxas *normais*», como se, *a contrario*, a *progressão por escalões* se traduzisse na aposição de «*anomalias*» ao velho e simples uso «*normal*» das taxas próprias dos *n* grupos da *progressão por classes*, que assim se viu, de uma maneira quase *clandestina*, talvez *inconsciente*, alcandorada à imerecida posição de *ideal* de «*normalidade*» fiscal *nas imediações*!

superior [*simplesmente, t_i ...*]" (art° 71°, n° 2, do Código do IRS); ou seja, formalmente,

$$c = t\, m_i = L_i\, \tau_{i-1} + (m_i - L_i)\, t_i \;\Rightarrow$$

$$\frac{c}{m_i} = t = \frac{L_i}{m_i}\, \tau_{i-1} + \left(1 - \frac{L_i}{m_i}\right) t_i. \qquad (3.2.4.2)$$

(3) E, finalmente — embora só *implicitamente* —, do modo mais *revelador* em relação à *natureza* desta *espécie* de imposto, que é o *modus operandi* ou a «maneira *prática*» pela qual os funcionários da DG(C)I procedem à *liquidação* do «imposto» em sede de IRS: pela *dedução*, a $m_i\, t_i$, de uma «*parcela a abater*», p_i, nos termos do *terceiro* membro da cadeia (3.2.3) de três diferentes membros de equações a $c = t\, m_i$ e de uma "ordem de serviço" anualmente repristinada ([26]),

$$c = t\, m_i = m_i\, t_i - p_i \;\Rightarrow\; \frac{c}{m_i} = t = t_i - \frac{p_i}{m_i}, \qquad (3.2.4.3)$$

relacionando-se entre si essas quatro entidades (sendo duas delas, t_i e p_i, *invariáveis*; ficando *livres*, pois, apenas 'm_i' e 't'), por via de (3.2.4.2) e (3.2.4.3), da maneira seguinte:

([26]) A circunstância de, no texto anualmente «actualizado» do lugar competente da «norma fiscal material» dos impostos progressivos por escalões (como é o caso hoje, entre nós, do n° 2 do art° 71° do CIRS e do n° 2 do art° 33° do Cód° da Sisa e do ISSD, no respeitante ao actual «Imposto Municipal de Sisa»), não figurarem nunca as «parcelas a abater» para o ano fiscal, leva a supor tratar-se de algo de «prático» ou de «mágico», «algo secreto», mesmo, pertencente aos arcanos ciosamente reservados de uma solerte e circunspecta administração fiscal... A estranha prática tem, no entanto, uma outra explicação, por certo bem mais comezinha e por ventura mais inocente, aliás não excludente da anterior: a da pura «*rotina*» (mais propriamente, da pura *inércia*) da administração fiscal, que é tão mais *resistente* quão menos *racional*, como sempre sucede...

O imposto progressivo

$$L_i \, \tau_{\,i-1} + (m_i - L_i) \, t_i = m_i \, t_i - p_i \implies$$

$$\tau_{\,i-1} = t_i - \frac{p_i}{L_i}. \qquad\qquad (3.2.5)$$

Temos, desta maneira ([27]), como já se observou, nada mais, nada menos que *três* diferentes *form(ul)as de cálculo* da taxa *efectiva* dos impostos progressivos *por escalões*, o que, aliás, confere a esta moderna «modalidade prática» de progressão uma salutar *«transparência»* analítica.

([27]) O leitor advertido observará, por certo, a circunstância de, por diversas razões (para marcar o intervalo para que ela se define e, até, principalmente, para seguir a regra de «operar *no presente*»...), se tornaria vantajoso apresentar a expressão fundamental (3.2.5) "subindo um grau *no tempo*", *por recorrência*, i. e., adicionando uma unidade à componente numérica dos índices que nela figuram, assim obtendo, a partir dela, e em sua vez, a expressão $\tau_i = t_{i+1} - (p_{i+1}/L_{i+1})$; mas, *decisivamente*, por imperativo de coerência (e de continuidade) entre o 1° e o 2° termo dos 3° e 4° membros da cadeia (3.2.3), deve manter-se a notação com base em '*i*' representando o ordinal do escalão a que pertence m_i. Note-se, ainda, e de uma vez por todas (ver o § 1.1.5), que os «momentos» referidos ultimamente (*confiteor:* de modo algo perverso...) são *meros* «momentos *lógicos*» (não «*cronológicos*»), posto que as *n* grandezas de antemão conhecidas (*limiares, tectos, «parcelas a abater»* e *taxas próprias* dos *escalões*) são *numeradas* mas não *datadas* (em postulada sucessão temporal ou série *cronológica* ou *diacrónica*), *«antes»* (!) localizadas (numa estrutura *topológica* ou *sincrónica*). Note-se, finalmente, que, em virtude (ou por vício) de se não definir uma relação constante ou *lei de formação* entre os *limites dos esclões* e as respectivas *taxas próprias* (sendo, pelo contrário, todos aqueles fruto cediço de uma correlação conjuntural de forças dos «parceiros sociais» em cada final de ano, estabelecidos após um regateio pontual e sovina e, em seguida, miudamente quantificados mais ao cheiro ou ao gosto, que pelo exercício do hemisfério direito do postulado cérebro dos honrados hierarcas da administração fiscal...), não é possível obter uma *solução contínua* do 1° termo do 3° membro da expressão (3.2.4.1), donde decorre que ambas as outras, (3.2.4.2) e (3.2.4.3), podendo embora ser livremente deduzidas *uma da outra*, sem qualquer precedência, supõem como necessária a solução (ou as

Como, porém, já se notou, a última expressão (da tal *«parcela a abater»*, p_i) é sobremodo reveladora da *natureza* da *progressão por escalões* enquanto *mera modalidade* de *progressão por dedução*, realmente um *conjunto* de $n - 1$ sistemas (*tantos* sistemas *quantos os escalões, excluindo o 1*°), *concatenados e contíguos*, de *progressão por dedução*, o que, para muitos será, por certo, uma surpresa... Mas basta, com efeito, pôr em confronto o implicado da expressão (3.2.4.3) com a expressão própria daquela outra (?) *espécie* (do mesmo *género*) (ver o § 3.2.1), para o verificar:

$$t = \overline{f} - \overline{fd}\, m^{-1} \; ; \; t = t_i - p_i\, m_i^{-1}. \tag{3.3.1}$$

Retroagindo agora, pontualmente, sobre a expressão (3.3.1), poderemos, até, passar a *definir* a *progressão por dedução* como uma *espécie* do *género* "*progressão por escalões*" *só com dois escalões*, sendo o $1°$ de *taxa zero* ($t_1 = 0$) e o $2°$ de *taxa* $t_2 = \overline{f}$, com $L_1 = 0$, $T_1 \equiv L_2 = d$ e $T_2 = + \infty$, e com $\overline{fd}$ como *«parcela a abater»*.

3.3.2.4 Temos, ainda, para concluir, a partir de (3.2.4.2), além da expressão daquela taxa (taxa *efectiva*), a expressão da própria "taxa *média*" dos escalões *antecedentes*, em relação com esse mesmo montante *a deduzir* (a tal *«parcela a abater»*, p_i, na expressão quase castrense da administração fiscal...), *scilicet*:

$$L_i\, \tau_{i-1} + (m_i - L_i)\, t_i = m_i\, t_i - p_i, \tag{3.3.2}$$

par ainda daquela; tudo por junto, para confronto completo, redundando em

$$t = \overline{f} - \overline{fd}\, m^{-1}; \; t = t_i - p_i\, m_i^{-1}; \; \tau_{i-1} = t_i - p_i\, L_i^{-1}. \tag{3.3.3}$$

$n - 1$ soluções) preliminar(es), obtida(s) *passo a passo*, do *somatório* $\Sigma\, (T_s - L_s)/t_s$ (com $s = 1, ..., n - 1$); especificamente, a partir de $\tau_{i-1} = \Sigma\, (T_s - L_s)/(t_s / L_i)$ *ou* de $p_i = T_{i-1} - \Sigma\, (T_s - L_s)/t_s$ (sempre para $i > 1$, é claro).

3.3.2.5.1 Também o respectivo gráfico se nos revela extremamente revelador da verdadeira *natureza* de *progressão por dedução* da *progressão por escalões*: como logo resulta do próprio exame de relance dos respectivos gráficos (figuras 5 e 8) e se torna *visível* na segunda figura, o imposto progressivo *por escalões* (após uma primeira zona de imposição *proporcional*, do 1º escalão) é um *sistema* de impostos progressivos *por dedução* contíguos, interrompidos, para os $n-2$ primeiros, pelo seu tecto *e* limiar do seu seguinte, mas não para o n^{o} ou último, que se define, *precisamente*, para um intervalo m_n semi-aberto, sem limite *à direita* aquém do infinito, tal como ocorre com o intervalo para que se define a matéria colectável da progressão por dedução. Daí que o seu *defeito*, que é *de família* — para montantes de m_n «quase infinitos», o peso relativo da *dedução a operar* (a «parcela a abater», p_n) torna-se «quase infinitesimal» —, tenha um remédio óbvio: acrescentar mais escalões, deixando, pois, para «mais tarde» caminho aberto a uma nova *taxa própria* (t_{n+1}) de um novo último escalão, agora o $(n+1)^{o}$, mais elevada, para que tenda, assimptoticamente, nova taxa efectiva também mais elevada, passando a pesar mais sobre avultadas matérias colectáveis de pouco "*numerosos*" cidadãos-contribuintes da $(n+1)^{a}$ classe (ou *escalão*, se se preferir...), sensivelmente «mais iguais do que os outros»...

Graficamente, teremos, pois,

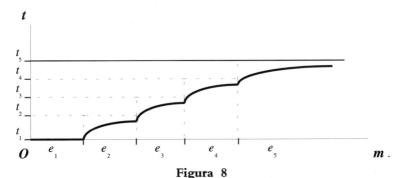

Figura 8

48   *Teoria pura da imposição*

3.3.2.5.2 Outro defeito (por ventura, o maior) desta excelente modalidade de progressão é o carácter *alarmante* da *mera exposição* (ou *exibição*) das taxas próprias dos seus *n* escalões, com um efeito psicológico realmente *inquietante*, contraditório do da chamada (e muito cultivada) «*anestesia fiscal*», dado o fatal peso *aparente* que está na base de algumas das superstições mais difundidas sobre o peso *real* daquelas categorias operatórias desta modalidade «prática» de imposto progressivo ([28]). É claro, contudo, como já vimos, que rege sempre a *inequação restrita* $t_i > t$, e tanto mais quanto mais baixo se começar, e quanto mais próximos uns dos outros se apresentarem ambos os *limites* (*tectos* e *limiares*, sempre com $L_i = T_{i-1}$) dos *n* - 2 escalões *intermédios* (entre o «1°» e o «*n*°»).

Até por isso mesmo (e mesmo para além disso), só a título de exemplo, não é, por certo, sem enorme surpresa que o cidadão comum toma conhecimento de que as taxas próprias, para o ano 2000, dos actuais seis escalões do actual «Imposto Municipal de Sisa» sobre a aquisição a título oneroso de unidades habitacionais, são as seguintes:

$$t_1 = 0; \quad t_2 = 0{,}05; \quad t_3 = 0{,}11; \quad t_4 = 0{,}18; \quad t_5 = 0{,}26; \quad t_6 = 0{,}1 \; (\text{!!!}).$$

O caso é que se parte de uma "*isenção na base*" ($t_1 = 0$), a progressão das taxas próprias é *moderada* e os intervalos entre os limites dos escalões são, na verdade, muito *estreitos*, de modo tal que se atinge um valor para $\tau_5 \approx 0{,}066$, o que explica cabalmente a raridade da situação $t_5 = 0{,}26 > t_6 = 0{,}1 \; \Leftrightarrow \; t_5 = 2{,}6 \; t_6 \; \ldots$

([28]) Para ilustrar a dimensão deste defeito em relação à *espécie antecedente*, bastará confrontar entre si os «exemplos numéricos» dos §§ 3.3.1.7 (de progressão por *classes*) e 3.3.2.5.3 (de progressão por *escalões*), aí se tendo obtido, para um elenco comum de taxas *próprias* dos *n* grupos e uma mesma $m_5 = 408$, as taxas *efectivas* de, respectivamente $l_5 = 16{,}1(6) \%$ e $t_5 \approx 9{,}4 \% \ldots$

3.3.2.5.3 Seguidamente, para não variar, eis um segundo «exemplo numérico», aliás construído segundo um mesmo elenco de grupos de matéria colectável, e a partir do mesmo valor de $m_n = 408$, para mais cómodo confronto com o caso anterior:

ESCALÕES	TAXAS
(1) de 0 a 100	0 %
(2) de 100 a 200	10 %
(3) de 200 a 300	12 %
(4) de 300 a 400	15 %
(5) de 400 a 500	17 %
(6) de 500 em diante	20 %.

Assim, no caso, teremos, à partida (para o contribuinte 'Sr. $\aleph$', o inventado e feliz detentor de $m\,(\aleph)_5 = 408$),

$$c = 408\ t = \sum_{s=1}^{4}(T_s - L_s)\,t_s + (m_5 - L_5)\,t_5 \Rightarrow$$

$$\frac{c}{408} = t = \sum_{s=1}^{4}(T_s - L_s)\,\frac{t_s}{408} + (m_5 - L_5)\,\frac{t_5}{408};$$

ou, «*no* concreto» (em português televisivo *de Portugal...*),

$$c = 408\ t = 100 \times (0,1 + 0,12 + 0,15) + (408 - 400) \times 0,17 = 38,36;$$

$$\frac{c}{m_5} = \frac{38,36}{408} = t = \frac{100 \times (0,1 + 0,12 + 0,15)}{408} + (408 - 400) \times \frac{0,17}{408} =$$

$$= 0,\ 094\ 019\ 607\ 843...,$$

ou seja, cerca de 9,4 %, uma taxa bem modesta, quando posta em confronto com a de 17 %, ou mesmo a, «corrigida», de $\frac{1}{6} = 16,(6)$ %, do exemplo anterior.

3.3.2.5.4 Porém, já quase no final do presente discurso, e após termos feito uma aproximação à pista «de concreto» do sisitema fiscal que felizmente nos governa, seria quase tantalizante não *aterrarmos* «no concreto» (antes, contudo, *de rabo* que *de cabo*...) para que apelam, quotidianamente, os «parceiros sociais».

Para o efeito, convidaremos, uma última vez, o nosso bom amigo "Sr. *Aleph*", o paciente paciente da nossa actual série de «exemplos de escola», que vamos arvorar em feliz detentor de um "rendimento colectável" (ou «rendimento *tributável*», em *novilíngua*) passível de IRS, a incidir realmente sobre o "rendimento *pessoal*" por ele *auferido* no decurso deste ano 2000, supostamente *aferido* no seu futuro *final*, p. ex°, *ne uarietur*, em 2 000 milhares de «unidades monetárias» (actualmente, *escudos*; ao depois, *euros*, com 20 000 000$00 a dividir por 200,482, i. e., € 99 759,58); procedamos, portanto, à liquidação da sua futura obrigação fiscal (noutra linguagem, à "fixação da (sua) *quota individual*", ou ao apuramento da *colecta* do seu «imposto»), segundo as três modalidades equivalentes *expostas* (*reveladas*) no § 3.3.2.3:

(1) Apuramento *passo a passo*, segundo a *differentia specifica* em relação à progressão *por classes*: soma dos resultados dos produtos das sucessivas partes da *matéria colectável* abrangidas pelos $n - 1$ escalões anteriores, pelas suas taxas próprias ($\sum_{s=1}^{i-1}(T_s - L_s)t_s$), e do produto da diferença entre a *matéria colectável* (m_i) e o *limiar* (L_i) do escalão em que está abrangida pela sua taxa *própria* (t_i):

$$c = t\,m_i = \sum_{s=1}^{i-1}(T_s - L_s)\,t_s + (m_i - L_i)\,t_i$$

ou, «em concreto»,

$$c = t\,m_5 = \sum_{s=1}^{4}(T_s - L_s)\,t_s + (m_5 - L_5)\,t_5\,;$$

mais «em concreto» ainda,

$$
\begin{aligned}
0,14 \times 730 &= 102,2 \\
+ 0,15 \times (1\ 149 - 730) &= 62,85 \\
+ 0,25 \times (2\ 000 - 1\ 149) &= \underline{212,75} \\
& \quad\ 377,8.
\end{aligned}
$$

(2) Apuramento segundo a norma do n° 1 do art° 71° do CIRS (valores da Lei do Orçamento para 2000, a partir de $T_1 = L_2 = 730\ 000\$00$): soma do resultado da aplicação da "taxa *média*" do escalão imediatamente anterior (τ_{i-1}) e do da aplicação da taxa *própria* ("taxa «*normal*»") do escalão i (t_i) à *diferença* entre a *matéria colectável* nele abrangida (m_i) e o *limiar* (limite *mínimo*) desse escalão (L_i):

$$
c = t\ m_i = L_i\ \tau_{i-1} + (m_i - L_i)\ t_i\ ,
$$

donde

$$
c = t\ m_5 = L_5\ \tau_4 + (m_5 - L_5)\ t_5\ ;
$$

feitas as contas,

$$
\begin{aligned}
0,143\ 646\ 6 \times 1\ 149 &= 165,049\ 9 \\
+ 0,25 \times (2\ 000 - 1\ 149) &= \underline{212,75} \\
& \quad\ 377,799\ 9.
\end{aligned}
$$

(3) Vamos, por fim, à *maneira mais simples*: o apuramento *à moda da administração fiscal*, com *dedução* de uma nunca exibida «*parcela a abater*» (p_i) ao resultado da aplicação da *taxa própria* do escalão i, t_i, a toda a *matéria colectável* nele abrangida (m_i):

$$
c = t\ m_i = m_i\ t_i - p_i\ ,
$$

donde

$$
c = t\ m_5 = m_5\ t_5 - p_5\ ;
$$

«concretissimamente»,

$$0,25 \times 2\ 000 = 500$$
$$- \underline{122,2}$$
$$377,8,$$

em suma, uma *colecta* $c = t\,m_5 = 377,8$, a uma *taxa* efectiva $t = 18,89\ \%$.

4. Confronto entre ambas as espécies

4.1 Depois de apresentadas ambas estas *espécies* de natureza «prática» do *género* imposto progressivo, sucessivamente cultivadas pelas administrações fiscais do nosso espaço económico, social e cultural, impõe-se proceder a um breve confronto das respectivas *formas lógicas*, para além do seu *aspecto «prático»*.

4.1.1 O imposto progressivo *por classes* vem a traduzir-se numa cadeia de *n grupos* ou *intervalos* de *imposição proporcional*, com com suas taxas próprias, t_i, aplicáveis, sem mais, às matérias colectáveis compreendidas dentro dos intervalos a que dizem respeito — intervalos *contíguos* (mas não *contínuos*) de imposição proporcional (com taxas próprias crescentes), contiguidade, contudo, interrompida pela interposição de $n - 1$ zonas de transição, com suas "taxas móveis" l_s, para $s = 1, ..., n - 1$) — , sendo os primeiros $n - 1$ daqueles intervalos *semi-abertos* (abertos *à esquerda*) e o n° intervalo *inteiramente aberto*, dando lugar, para $m_n \geq L_n = T_{n-1}$, a uma última zona ou região, «ilimitada», de *imposição proporcional*, à *taxa fixa* t_n. Formal e algo complexamente (ou *«descompostamente»*, em face da *«natureza prática»* da espécie...), teremos (com $s = 1, ..., n - 1$; $T_n = +\infty$)

$$m_s \in \ ]\,L_s\,,\,T_s\,] = \ ]\,T_{s-1}\,,\,T_s\,] = \ ]\,L_s\,,\,T_{s+1}\,];$$
$$m_n \in \ ]\,L_n\,,\,T_n\,[= \ ]\,T_{n-1}\,,\,T_n\,[.$$

4.1.2 Por sua vez, o imposto progressivo *por escalões* traduz-se numa cadeia de *n* grupos ou intervalos *contíguos* e *contínuos*, uma vez que, contra o que ocorre com a imposição por classes, os *limiares* dos *derradeiros* $n - 1$ dos seus *n* escalões ([29]) *são* os *tectos* dos escalões anteriores: $i \geq 1 \Rightarrow L_i \equiv T_{i-1}$ ([30]), deparando-se-nos agora, diferentemente, $n - 1$ primeiros intervalos *fechados* e um n^o intervalo *semi--aberto* (aberto *à direita*; como nas classes, o último dos grupos não tem um tecto, sendo $T_n = +\infty$), dando lugar à existência de uma primeira zona de *imposição proporcional* (para $m_1 \leq T_1 = L_2$) e, em seguida (com $m_i \geq T_1 = L_2$, para $m_i \mid T_{n-1} \ ^3 \ m_i \geq T_1 = L_2$), a $n - 2$ secções de *progressão por dedução contíguas* e *contínuas*, embora interrompidas, sofrendo taxas efectivas *progressivamente* mais elevadas e, finalmente (para $m_i \geq L_n = T_{n-1}$), a uma zona ou região de *imposição decrescentemente progressiva, agora* segundo a *pura* modalidade da "progressão *por dedução*", à *taxa própria* do n^o *escalão* t_n, uma vez *deduzida* a *«parcela a abater»* p_n. Formal e algo complexamente ainda (e igualmente com $s = 1, ..., n - 1$; $T_n = +\infty$, mas *mutatis mutandis*), temos, agora,

---

([29]) Para $n \geq 1$, como é óbvio, uma vez que, para $n = 1$, se não definiria "escalão *anterior*", pois não existe «escalão *zero*», exactamente como para $i = n$ se não definiria o "escalão *seguinte*", pois não existe um «$(n + 1)^o$ escalão».

([30]) Isto apesar de a rotineira técnica legislativa estabelecer os intervalos de classes e escalões segundo fórmulas idênticas, do tipo «De *mais de* T_{s-1} a T_s», e «*Superior a* L_n» (o último dos grupos, com $T_n = +\infty$): é que, *logicamente*, as expressões grifadas estão *a mais*, visto ser *indiferente*, como se viu (cf as notas 19 e 24), aplicar a cada tecto a taxa própria desse escalão ou a *«normal»* (*«normal»*!) do superior, posto que para qualquer m_i a taxa *efectiva* terá, forçosamente, de ser a mesma, devido à própria *«mecânica racional»* da *espécie*...

$$m_s \in \,]L_s, T_s] = [T_{s-1}, T_s] = [L_s, T_{s+1}];$$

$$m_n \in [L_n, T_n[= [T_{n-1}, T_n[.$$

Trata-se, deste modo, algo surpreendentemente, de um verdadeiro *sistema* «prático» de *progressão contínua*, precisamente porque, dos *n* intervalos que constituem os *n* escalões, o *primeiro* («1°») intervalo é *fechado à direita*, os *n - 2* intervalos *intermédios* são *intervalos fechados*, e o *derradeiro* («*n*°») intervalo é *fechado à esquerda*, valendo a identidade sistemática $L_i = T_{i-1}$, e assim se atingindo o número de *n - 1 posições de indiferença* ([31]) na *vizinhança imediata* dos *intervalos intermédios*, dando sinal seguro da aludida *continuidade* sobre a *contiguidade* dos limites vizinhos daqueles intervalos, como o ilustra graficamente, com toda a clareza, o andamento levemente ondulante da taxa *efectiva* da «curva» ou *sucessão ascendente de curvas semelhantes* peculiar desta modalidade, representada na figura 8.

4.2 Em suma, e em conclusão: O imposto progressivo *por* (*n*) *classes* é uma *sequência* de *n* grupos de imposição *proporcional*, interrompida por *n - 1* zonas intermédias de imposição *progressiva «procusteana»* (deixando a todos *o mesmo rendimento disponível*), sendo o *n°* grupo uma zona de *pura* imposição *proporcional*, ao passo que o imposto progressivo *por* (*n*) *escalões*, após um primeiro grupo de imposição *proporcional* (como na "progressão por classes"), é uma *sequência*

([31]) Ver a nota anterior. Assim, para um único exemplo (aliás, referido à «2ª maneira» de *apuramento da colecta* nesta modalidade de imposição; cf o § 3.3.2.3 e o implicando da expressão (3.2.4.2)), para a improvável casualidade a seguir registada, e em relação a qualquer dos *n - 2* escalões *intermédios* (para 'e_i' | 'e_n' > 'e_i' > 'e_1'), teremos as seguintes *«posições de indiferença»*:

$$m_i = T_i = L_{i+1} \Rightarrow$$
$$\tau_i \, T_i = \tau_{i-1} \, T_{i-1} + t_i \, (T_i - T_{i-1}) = t_i \, T_i - (t_i - \tau_{i-1}) \, T_{i-1}.$$

ininterrupta de $n-1$ grupos de imposição *progressiva por dedução*, tipicamente (salvo «*monstruosidade*»: cf o *mau* «*exemplo concreto*» do § 3.3 2.5.2...) com taxas próprias progressivamente mais elevadas, sendo o $n°$ grupo uma zona de *pura* imposição *progressiva por dedução*.

5. O imposto regressivo

5.1.1 Tal como bem se compreende que *não* tivesse sido (pelo menos, *nem tanto*) por elevadas considerações de «*igualdade*» ou «*desigualdade* tributária» (na alegada e paradoxal vertente da «igualdade *vertical*»!) que, com o advento e consolidação do «estado *social*», se passou da adopção do «imposto *proporcional*» (peculiar aos modestos *agenda, 'Police, Justice, and Arms*', do «estado *liberal*») para a adopção do «imposto *progressivo*» peculiar ao «estado *social*», assim também se entende perfeitamente que *nunca* tenha havido «impostos *de taxa regressiva*». São, na verdade, razões do foro da *necessidade*, e não do foro da *liberdade* (da livre *escolha*; do livre *arbítrio* ou *alvedrio*...), que nos convencem de que, por um lado, a estrutura institucional típica (com base no «parlamento») do «estado social» se tenha visto ante a necessidade de esgotar a «capacidade tributária» dos vários grupos ou classes de rendimentos para se poder financiar (o que, obviamente, se não conseguiria ao tributar a todos por meio da taxa *única* própria do imposto *proporcional*, que se viria a traduzir, forçosamente, pela taxa *mais baixa*, ao alcance da *classe* mais baixa...), também, por outro lado, se compreende perfeitamente que a estrutura fiscal das classes dominantes do '*ancien régime*' ou '*Spätfeudalismus*' se não tenha proposto exigir, de plano, muito pouco de quem tivesse muito e muito de quem tivesse muito pouco: é que, dessa maneira, ela também se não teria conseguido financiar...

5.1.2 Existe, no entanto, uma modalidade de *imposto directo regressivo* (aliás, *específico*) tão evidente e simples, e tão primária, que as várias sociedades historicamente documentadas não resistiram a adoptá-la desde bem cedo e até bem tarde, e até de preferência à também expedita «dízima a Deus», que é a primeira forma de *imposto directo «ad valorem»*, pois nem havia que fazer contas, embora muito simples, do tipo $c = 0,1 \times m = m \div 10$ [32], antes bastando ao exactor fiscal proferir com convicção umas pouco numerosas palavras mágicas do tipo destas sete: «Passa para cá imediatamente n unidades monetárias!»...

Passamos, pois, a *identificar* e a *formalizar* esta importante e única espécie de imposto regressivo realmente praticada ao longo da história e ainda hoje subsistente.

5.2 Sobre a forma e a figura do *imposto constantemente regressivo*

5.2.1. Forma:

Se definirmos uma modalidade de *imposição* (ou de

---

[32] O previsível êxito assegurado pelo carácter brutal e expedito da forma de exacção fiscal com que agora lidamos fez dela, desde sempre, um instrumento característico da exacção colonial (desde o direito colonial romano até, p. ex°, ao *«imposto de cubata»*, de 1$00 *per capita*, do português...), tendo, aliás, chegado aos nossos dias no próprio seio, insuspeito e ubérrimo, da actual UE: basta lembrar a recente *"poll tax"* de iniciativa thatcheriana, aqui ao lado, e a espantosa sobrevivência, exactamente aqui, da *alegada "**Taxa** Nacional de Radiodifusão"*, cuja *colecta fixa* para agregados familiares apanhados em flagrante consumo doméstico de energia eléctrica e não "isentos por consumo" perfaz, neste ano 2000, o montante anual de $12 \times 278$00 = 3$ 336$00... Sobre isto tudo e mais alguma coisa, poder-se-á conferir dois textos meus recentes: *Imposto regressivo e redistribuição*, no vol. 38 do BCE de 1995, *passim* (especialmente a nota 5 e o *Apêndice*, donde, aliás, provém directamente o § 5 do actual estudo), e *Estudos de Direito Tributário* (Coimbra, Almedina, 1996[1], 2ª ed., 1999), nota 20 e contexto do *Estudo 1*.

«tributação») por *produto simples*, com a *colecta* (*c*) do imposto dada pelo *produto aritmético* da *taxa* t ($1 > t \geq 0$, nos impostos directos) pela *matéria colectável m* ($m > 0$), teremos, em geral (para a modalidade),

$$c = tm \quad \Rightarrow \quad c = \frac{t}{m}$$

(cf a expressão (1.1)) e, em especial, para um imposto (de *produto simples*) de *taxa constantemente regressiva*, uma vez pré-definindo um *parâmetro* $\overline{c} > 0$ como *constante de proporcionalidade inversa* entre t e m, as seguintes *expressões analíticas* da *taxa*, como *função constantemente decrescente*, e da *colecta*, como *função constante* (digamos, ' $\overline{c}$ '), da *matéria colectável*:

$$t = \frac{\overline{c}}{m} \; ; \quad \overline{c} = tm,$$

com ([33])

$$\frac{dt}{dm} = - \;\overline{c}\, m^{-2} = - \frac{t}{m} \; ; \; \frac{d^2 t}{dm^2} = 2\,\overline{c}^{-3} = \frac{2t}{m^2} \; ; \; \frac{m \cdot dt}{t \cdot dm} = -1 ; \; \frac{d\overline{c}}{dm} = 0.$$

Estamos, portanto, em face de (1) um imposto *regressivo*, (2) cuja *taxa* diminui *na mesma proporção* em que se dá o aumento da *matéria colectável*, intercedendo, pois, entre

---

([33]) Para governo de eventuais ageómetras que, por ventura, se não disponham a acompanhar os modestos *passinhos* (em francês, '*petits pas*') de cálculo infinitesimal que seguem, bastará, por ventura, reparar no seguinte: Se definirmos uma *colecta fixa universal c* e pretendermos calcular, em face da matéria colectável (*m*) de *cada um* dos "*numerosos* contribuintes", a que taxa *virtual* lhe é «liquidado» o «imposto», a *questão* (e a *resposta*) é (ou são) de tal maneira simples que *basta pôr o problema em equação* para se concluir que, estando t e m, entre si, numa *relação de proporcionalidade inversa*, se **Alguém** tiver uma matéria colectável $n > 1$ vezes *superior* à de **Outrem**, a *taxa virtual* a que **Alguém** pagará terá de ser $n > 1$ vezes *inferior* à de **Outrem**, posto que, na verdade, $c = tm = t \; (n^{-1} \times n) \; m$. Fiquemos por aqui!

ambas essas entidades, uma *razão de proporcionalidade simples inversa* dada pela *constante de proporcionalidade* $\bar{c}$, *colecta universal prefixa*. É, pois, *equivalente* (ou *indiferente*), em pura lógica, estatuir, para este imposto, na respectiva "norma fiscal *material*", uma *colecta predeterminada* ou "quota fixa" de $\bar{c}$, ou uma *expressão analítica* para a *função constante* $\bar{c}$ de *m*, que se resolve naquela mesma *trivialidade* ($\bar{c} = tm$), e revelar-se-ia, mais ou menos que *inútil*, supinamente redundante [34] estatuir uma *expressão analítica* para a *função constantemente decrescente t* de *m*, do tipo

$$t \equiv t(m) = \bar{c}\, m^{-1}.$$

5.2.2. Figura:

A representação gráfica correspondente ao *imposto constantemente regressivo* é a seguinte:

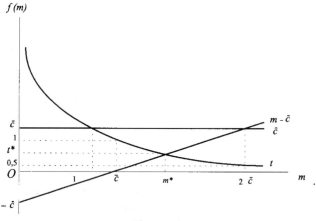

Figura 9

---

[34] Bastará, realmente, imaginar, a mero título de exemplo de provisão legal demente, uma irrisão deste jaez: «A *taxa* do imposto é a que, em cada caso, vier a resultar da divisão do dividendo *c* pela matéria colectável do contribuinte», obrigando o exactor à actividade *logicamente inútil* de apurar '*m*' e '*t*' tão *numerosas* vezes quantos os "*numerosos* contribuintes", como *procedimento mágico preliminar* à injunção *decisiva* e fatal do tipo da que consta do final do § 5.1.2...

O *sistema fiscal português actual*

Os *materiais de construção* desta figura são os seguintes:

Aos pontos de intersecção das curvas da *taxa (virtual)* do imposto, t (como função *decrescente*); da *colecta*, $\bar{c}$ (como função *constante*); do "rendimento *disponível*", $m - \bar{c}$ (como função *crescente*) da *matéria colectável, m* (o "rendimento *pessoal*"), correspondem os seguintes valores:

(1) $t \equiv \bar{c}/m = \bar{c} \Rightarrow m = 1$;

(2) $m - \bar{c} = 0 \Rightarrow m = \bar{c} \Rightarrow t \equiv \bar{c}/m = 1$;

(3) $m - \bar{c} = t \equiv \bar{c}/m \Rightarrow m^2 - \bar{c}m = \bar{c} \Rightarrow$

$$m^2 - \bar{c}m - \bar{c} = 0 \Rightarrow$$

$$m^* = 0,5 \, [\,\bar{c} \pm (\bar{c}^2 + 4\,\bar{c})^{0,5}\,];$$

$$t^* \equiv \bar{c}/m^* = 2\,\bar{c}[\,\bar{c} \pm (\bar{c}^2 + 4\,\bar{c})^{0,5}\,]^{-1};$$

(4) $m - \bar{c} = \bar{c} \Rightarrow m = 2\,\bar{c} \Rightarrow \bar{c} = 0,5\,m \Rightarrow t \equiv \bar{c}/m = 0,5$.

A curva t corresponde ao ramo de uma *hipérbole rectangular ou equilateral* com *assimptotas* nas *coordenadas* do 1º quadrante (estritamente positivo) do diagrama ortogonal ("referencial cartesiano"), no intervalo *significante* $t \in [0, +\infty]$, com os limites

$$m \to 0 \Rightarrow t \to +\infty; \quad m \to +\infty \Rightarrow t \to 0.$$

6. O sistema fiscal português actual

De quase tudo isto de que aqui se tratou temos, actualmente, «exemplos práticos» no sistema fiscal português ([35]).

([35]) É claro que não teria qualquer sentido compendiar aqui casos de *impostos indirectos específicos* (à parte o caso da bem nascida *espécie* do § 5, que veio a *revelar-se* ao autor destas linhas, vai para cinco anos, como a *única espécie* do *género* "*imposto constantemente regressivo*"; cf a primeira referência da nota 32), posto que aqui se trata (salvo a *episódica* notícia da nota 2, em cuja sequência virá, contudo,

6.1 Há, desde logo, casos conspícuos e muito frequentes de *impostos proporcionais, directos* e *indirectos*. Apenas três exemplos, de ambas as categorias:

6.1.1 O IRC sobre sociedades comerciais (actualmente à taxa de 32 %, mais a *"derrama"* municipal, que é uma

---

também a título de *efeméride*, o § 6.3), *essencialmente*, de impostos *"ad valorem"* e de impostos *directos* (cf o § 1.3). Porém, a título meramente noticioso, aqui se deixa um par de notas de alguma actualidade sobre um par deles, já nossos velhos conhecidos (da mesma nota 2): (1) Quanto ao *"Imposto sobre Produtos Petrolíferos"* (ISP), segundo um quadro comparativo para os países da UE, os EUA e o Japão, elaborado na PETROGAL, referido a Abril deste ano, a versão portuguesa não destoa do resto, e as taxas *virtuais* então verificadas (melhor: *verificáveis*) são, respectivamente, para o *gasóleo* e a *"gasolina com teor de chumbo igual ou inferior a 0,0013 g por litro, de 95 octanas"*, de 100$00/78$00 = 128,(205128) %, e de 76$40/57$50 = 132,869565217... %; e, além de tudo o mais, esta espécie modesta do prisma teorético constitui hoje um raro e inestimável instrumento de política económica ainda ao alcance de Lisboa... (2) Já quanto ao *"Imposto sobre Veículos Automóveis"* (IA), as coisas mudam de figura, (1.2) por se tratar de um híbrido quase «ilegível» e algo de monstruoso em pura lógica formal e em termos de racionalidade cívica, dotado de uma "componente *específica*" e de uma "componente *ad valorem*" (!), ser (2.2) sensivelmente mais pesado que os similares e ser, principalmente, (2.3) uma espécie de tal modo perversa que acode a *premiar*, aliás muito sensivelmente, (2.3.1) os maiores dos poluidores e fautores potenciais de sinistralidade agravada, adquirindo veículos *«todo o terreno»* para circular *na cidade* e *nas auto-estradas*), e (2.3.1) os que se comprometem a circular, anti-económica e anti-ecologicamente, com um *máximo* de 40 % da *lotação legal*, adquirindo *«capoeiras»* (ligeiros de passageiros com uma *rede de galinheiro* nas costas do banco da frente)... Porém (como escrevi, muito recentemente, num texto a publicar), em relação a ambos, e *mutatis mutandis* (sobretudo ao segundo...), poderá concluir-se que ambas estas espécies ocorrem hoje como constituindo um 'ready made' (portanto, *involuntário*) como isolado e utilíssimo par de instrumentos limitador da circulação de automóveis particulares de passageiros, servindo uma *política de defesa do ambiente* hoje, entre nós, tão desprezada e inerme...

"*sobre*taxa" ou "taxa *adicional*" de "um *máximo*" de 10 % sobre a "taxa *principal*" dando, pois, *em conjunto*, lugar a "um *máximo*" de 32,5 % de "taxa *global*" ([36])), e sobre pessoas colectivas de direito privado e utilidade pública (actualmente à taxa de 20 %).

6.1.2 A *«taxa social única»* ([37]) que, para os "*profissionais liberais*" (ou «trabalhadores *independentes*», na terminologia oficial ([38])) é, em princípio, de 25,4 % ([39]) e, para

---

([36]) Uma vez mais (ver o § 3.3.2.5.2 e a nota 28), o respeitável fisco se vê na situação de ter de arcar com uma *aparência numérica* que lhe é desfavorável, com *efeito contrário* ao (se não *contraditório* do) da chamada *«anestesia fiscal»*: é que, *realmente*, se não trata, na espécie, de «32 *mais* 10 %» = 42 %, mas sim de «32 % mais 10 % *de* 32 %» = 35,2 %, i. e., de 0,32 + 0,1 × 0,32 = 1,1 × 0,32 = 0,352 ≡ 35,2 % de "*taxa* global", o que *implica* (*por definição* de $c \equiv tm$) 0,32 + 0,1 × 0,32 m = 1,1 × 0,32 m = 0,352 m ≡ 35,2 % m de "*colecta* global". Curiosamente, quem, no contexto, usa valer-se desta mesma *aparência* (ou *ilusão*) como um efeito *favorável* são certos *vendedores*, como os *grossistas* que usam fazer aos *retalhistas* o *desconto* de «30 *mais* 8 %», que *não* perfazem 38 % mas *sim* (e *só*) 0,3 + 0,08 × 0,3 = 1,08 × 0,3 = 0,324 ≡ 32,4 %.

([37]) Esta designação é obviamente errónea, nitidamente originada no inglês '*tax*', que quer dizer *imposto*, em português, mas nada tem de revoltante, contra o que ocorre com *«o rácio»*, muito recente e insistentemente contrabandeado, por atrevida ignorância, do inglês básico, *via* '*franglais*', para um luso-economês talvez ainda *«marginal»* e oxalá, no fim de contas, *«infra-marginal»*...

([38]) Segundo a imprensa diária de 18 de Maio do corrente ano 2000, o governo, na pessoa do Secretário de Estado dos Assuntos Fiscais, terá chegado, ao fim de todos estes anos, à óbvia conclusão de que os «empresários em nome individual» são "profissionais liberais" (ou «trabalhadores independentes») exactamente como os outros, por isso se propondo, ao fim de todos estes anos de prolixa e geral evasão no domínio, *confundir* numa só as «categorias» «B» ("rendimentos do trabalho independente"), «C» ("rendimentos comerciais e industriais") e «D» ("rendimentos agrícolas") do IRS: *Alleluia!*

([39]) A *taxa* (única) desta *«taxa»* (ver o início da nota 37) é de

os *trabalhadores por conta de outrem* (ou «trabalhadores *dependentes*», na terminologia oficial), desdobra-se em dois tipos de *prestações* de *montante* e *carácter* muito diferentes (actualmente, 11 % a cargo do *«trabalhador-beneficiário»*, e de 23,75 % a cargo da *entidade patronal* ([40])).

25,4 % para os «independentes» do "regime *obrigatório*", e de 32 % para os «independentes» do "regime *alargado*".

([40]) É, como se referiu, na verdade diferente o *carácter* das *prestações* das *entidades patronais* e dos *«trabalhadores-beneficiários»* por conta de outrem (e, '*a pari*', dos *«trabalhadores-beneficiários»* por conta própria). Quanto às primeiras, é inegável que se trata de um *imposto indirecto* (quer pelo critério "*económico*", quer pelo "*financeiro*"), devido pela *utilização*, pelos *empresários*, da *mercadoria* "*força de trabalho*" ('*Arbeitskraft*'; em vernáculo, "*mão-de-obra*"); quanto às segundas, embora havendo autores que as consideram como constituindo prestações periódicas efectuadas no âmbito de um "*contrato de seguro obrigatório*" (ser *explosivo*, como se vê...) — o que não parece ser sequer de admitir à discussão —, ou então (mais seriamente agora) como *taxas* (agora '*proprio sensu*', enquanto *espécie* "*bilateral*" do *género* "receitas *coactivas* públicas"), parece de preferir a construção jurídica que as considera como *impostos directos* (agora a *categoria oposta*, mas igualmente segundo ambos os referidos critérios) devidos pela *percepção* da *categoria* de "*rendimento-produto*" *salário* '*lato sensu*' (incluindo, obviamente, *salários* '*stricto sensu*', ordenados, vencimentos, honorários), dado que os *tributados* e *«beneficiários»* da *segurança social* pagam a sua parte da *«TSU»* num *montante* calculado *em função* do (montante do) *salário* ('*lato sensu*') auferido ou *percebido*, ou seja, *em função* da "*capacidade de pagar*" revelada, como critério para a repartição dos custos dos serviços públicos pelos residentes '*uti ciues*', peculiar e próprio dos *impostos* (cf a nota 17 e o período do § 3.2.3 contendo a remissão para ela), e não em função do *benefício*, como critério para a repartição dos custos dos serviços públicos pelos *beneficiários* '*uti singuli*', critério este peculiar e próprio das *taxas* '*proprio sensu*', sob a espécie das "*taxas compensadoras*" como receitas públicas *tipicamente bilaterais*, o que parece dever surgir como *ultima ratio* de *qualificação jurídica*, não obstante a receita desse imposto directo estar eventualmente *consignada* (tal como o está, seguramente, o 1 % do actual *«IVA social»*) ao financiamento *da segurança social* dos *próprios tributados*.

6.1.3 O IVA, actualmente com três taxas diferentes: uma «taxa *geral*» (de 17 %, incluindo 1 % de «*IVA social*»), uma dita «*intermédia*» (de 12 %) e uma «*reduzida*» (de 5 %) [41].

6.2 Temos, depois, vários impostos *progressivos*, também *directos* e *indirectos*. De novo, alguns exemplos de ambas as categorias:

6.2.1 O IRS, que nos serviu de «exemplo» no § 3.3.4, constitui, na verdade, um exemplo típico, hoje praticamente universal, de imposto progressivo por escalões, em relação ao qual se adita agora apenas (a título de *efeméride*, como *brinde ao leitor*) a configuração *quantitativa* para rendimentos auferidos neste ano 2000 [42]:

L_i e T_i	t_i	τ_i	p_i
(1) Até 730 contos	0,14	0,140	
(2) De 730 a 1 149	0,15	0,143 646 6	7,3
(3) De 1 149 a 2 840	0,25	0,206 971 8	122,2
(4) De 2 840 a 6 581	0,35	0,288 276 9	406,2
(5) Mais de 6 581 contos	0,4	—	735,25.

---

[41] Cf a nota 2 e, sobre alguns episódios marcantes e recentes da «*luta pela vida*» neste país de *grandes evasores fiscais galardoados,* a nota 6 da *Advertência* e o § 2.4 do *Estudo 1* dos meus *Estudos de Direito Tributário* (Coimbra, Almedina, 1996[1], 2ª ed., 1999).

[42] Não se tendo adoptado uma "isenção na base" (um primeiro escalão de «taxa zero»; no caso de um IRS, equivalente a uma "isenção do *mínimo de existência*", que deveria ser independente da *origem* ou «*fonte* de rendimentos»...), o CIRS estatuíu a seguinte "medida *de recurso*": "Artigo 73º (**Mínimo de existência**) Da aplicação das taxas estabelecidas no artigo 71º não poderá resultar, para os titulares de rendimentos predominantemente originados em trabalho dependente, disponibilidade de um rendimento líquido de impostos inferior ao valor anual do salário mínimo nacional" (para o ano 2000, 12 × 63 800$00 = 765 600$00).

64   *Teoria pura da imposição*

6.2.2 Um par de *impostos progressivos* profundamente dissemelhantes, porém arrebanhados no mesmo diploma legal, é o constituído pelo objecto do actualmente intitulado *Código do Imposto Municipal de Sisa e do Imposto sobre Sucessões e Doações*.

6.2.2.1 O (*actualmente* denominado) *Imposto* (*Municipal*) *de Sisa* tem um carácter *híbrido* e *múltiplo*, posto que sendo um *imposto indirecto* que *incide realmente* sobre a *despesa na aquisição de imóveis*, é um *imposto proporcional*, com uma *taxa fixa* de 10 % sobre "as transmissões [mais propriamente, *aquisições a título oneroso*] de prédios urbanos ou terrenos para construção e de 8 % nos restantes casos" («corpo do» artº 33º, nº 1º), «restantes casos» esses compondo uma «regra geral» de alcance muito reduzido, dado que o nº 2 do mesmo («corpo do» mesmo) artigo logo exceptua da *remissão* (para a *«regra geral»*) do nº 1 as ditas "transmissões [*sic*, de novo] de prédios ou fracção autónoma [*sic*, quanto ao *número*] de prédio urbano destinado exclusivamente à habitação", estas submetidas à incidência de um *imposto progressivo por escalões* sem nada de notável, com as moderadas taxas próprias já aqui aludidas (ver o § 3.3.2.5.2), sem nada mais a assinalar.

6.2.2.2 Por fim, neste domínio "impostos *progressivos*" — e no mesmo diploma (o Dec.-Lei nº 41 969, de 24 de Novembro de 1958), de arcaica técnica legislativa ([43]),

---

([43]) É claro que o diploma tem sofrido frequentes alterações ao longo destes quarenta e dois anos (praticamente todos os anos, para *«actualização»* de *grupos* e de *taxas*), mas ainda se mantém (como se pode ver já a seguir no texto) segundo a técnica legislativa anterior, de dividir os artigos num par de tipos de unidades formais: o *"corpo do artigo"* e os seus (eventuais) *"parágrafos"*, assinalados e numerados como tais (salvo o *"parágrafo"* que, quando era o *«único»*, em vez de

que é o referido «*Código da Sisa*» — depara-se uma espécie que é, por um lado, actualmente, uma preciosidade «*syntelologica*» (como teria *escrito* José Ferreira Borges), e em relação à qual se verifica hoje uma rara situação quanto ao *espaço* e ao *tempo*, que interessa exibir: trata-se do *Imposto sobre Sucessões e Doações*, aliás em fase «terminal»... Tratemos, brevemente, de ambas estas espécies.

6.2.2.2.1 O actual ISSD é, na verdade, um fóssil vivo, na aparência, perversamente mantido e cultivado como tal para de forma mais expedita o «abater»! Ele é, realmente, um híbrido inviável, enquanto exemplar de uma espécie vencida na «luta pela vida» entre espécies fiscais, como «elo» fruste entre a espécie da "progressão *por classes*" e a espécie seguinte, que a substituíu, da "progressão *por escalões*" pois, na verdade, se, por um lado, já a caminho do imposto por escalões, já apresenta a *dualidade* de *taxas* e/ou de *procedimentos* própria da nova espécie, fica, por outro lado, algo comicamente (ou pateticamente...), *a meio caminho* entre uma e outra espécie, por não ter ido ao ponto que era necessário atingir para alcançar o resultado próprio da nova espécie: nomeadamente, uma *perfeita e automática continuidade* do andamento da *taxa efectiva* como *função contínua* de m_i... Para o verificar com clareza meridiana e uma ponta de emoção, basta incluir aqui, quase sem comentários, o elucidativo teor literal do «*§ único*» do do artº 40º ([44]) do *Código da Sisa e do ISSD*, contendo, a um

---

«*numerado*», como o "nº 1", era, algo comicamente, «*nomeado*» como tal: como «*§ único*»...), num caso e noutro com subdivisões eventuais em "*números*" e "*alíneas*", não necessariamente por esta ordem...

([44]) A título informativo, do «*corpo do*» artº 40º constam 4 *tabelas* com 7 *grupos* de matéria colectável cada (i. e., no fundo, quatro impostos diferentes...), com (4 × 7 =) 28 *taxas próprias* que vão de 0 a 0,24 para *cônjuges e parentes do primeiro grau*, "até 730 contos", e "supe-

tempo, (1) o *fruste esboço* de um pretendido imposto progressivo *por escalões* e (2) a *(infelizmente necessária)* "cláusula de transição" de que carece um efectivo imposto progressivo *por classes*:

> "[1] Para o efeito da aplicação das taxas, o valor da transmissão será sempre dividido em duas partes: a parte compreendida no escalão da tabela que lhe competir, à qual se aplicará a respectiva taxa, e a parte igual ao limite do escalão imediatamente inferior, à qual se aplicará a taxa correspondente a esse limite. [2] Não poderá, todavia, ser liquidado o excesso de imposto donde resulte ficar o contribuinte com valor líquido menor do que aquele com que ficaria se o montante da transmissão igualasse o montante do escalão imediatamente inferior"!

De uma maneira realmente patética, assim se fica, como se disse, *a meio* caminho entre ambas as espécies, tendo apenas podido *«limar arestas»* da *versão pura e simpes* do imposto *por classes*, tornando apenas menos alcantilados ou mais suaves os $n - 1$ *declives* abruptos das n taxas *de transição* (l_i) localizadas entre os n *degraus da escada* correspondente ao perfil dessa versão (ver a figura 7) sem, pateticamente, ter sabido evitá-los (ver a figura 8)...

6.2.2.2.2 A observação que segue é bem diferente e bem mais séria, sem que, contudo, perversamente, deixe de estar conexionada com a anterior...

---

rior a 71 240 contos", e de 0,16 a 0,5, que é a *«taxa de estranhos»* para os mesmos grupos, inicial e terminal: isto neste *ano 2000 das maravilhas segundo o velho Júlio Verne*, para os limites (*tectos e limiares*) artesanais e caprichosos de que aqui ficam estas *duas amostras* (*N. B.: não escolhidas*, porque localizadas *no princípio e no fim*...), com sete grupos cujos limites foram quase por certo (o)ciosamente *«regateados»* todos os anos entre prudentes e satisfeitos beneficiários de *pré-reformas para políticos*, neste *país das maravilhas segundo o velho Lewis Carroll*...

Não poderão oferecer dúvidas, quer o já exibido perfil arcaico do actual ISSD, quer a sabida realidade de hoje, em que, por um lado, a progressivamente acentuada *mobilização* (e *abstractização*) da riqueza se verifica inquestionavelmente, e em que, por isso mesmo (e pelo culto intransigentemente prestado ao fenómeno suiço do *«sigilo bancário»*), por outro lado, se verifica uma evasão fiscal expedita e maciça à incidência real do ISSD sobre as aquisições de *"quotas hereditárias"* (e outras *doações, por morte* e *entre vivos*) representadas em valores mobiliários, fáceis de sonegar à atenção do fisco. Mas daí não se segue que a medicina adequada seja *abolir* o ISSD, antes se segue que ele podia e deveria ter sido actualizado!

6.2.3 Os *liberais puros* (da estirpe, p. ex°, de um Herculano ou de um Thoreau), como *antidemocratas* por imperativo de coerência com a reivindicação da plenitude do *status ciuitatis* como selo inauferível de uma real cidadania *optimo iure* por si reivindicada ([45]), tinham ódio aos impostos, mas não o ódio vesgo que hoje parece querer condenar, por larga maioria, figuras tributárias como a do velho ISSD.

Os *liberais verdadeiros*, de crença democrática por transigência com a *cidade* e o *uso efectivo* de uma *qualquer cidadania*, reivindicavam como forçosa, enquanto contraponto das *efectivas desigualdades*, *"igualdade à partida"* (ou *"de oportunidades"*), uma *imposição tendencialmente confiscatória* sobre as aquisições gratuitas (enquanto *"rendimento ganho"* *"não produzido"*, ou não devido ao exercício das *'facultées personelles'*...) ([46]):

([45]) Sobre todo este tema, poderá conferir-se a nota 6 ao *Estudo 1* dos meus citados (e *recitados*...) *Estudos de Direito Tributário* (Coimbra, Almedina, 1996[1], 2ª ed., 1999).

([46]) Não obstante hesitações visíveis, o competente lógico que foi John Stuart Mill terá sido também, até onde eu conheço, quem

'To tax the larger incomes at an higher percentage than the smaller, is to lay a tax on industry and economy; to impose a penalty on people for having worked harder or save more than their neighbours. It is partial taxation, which is a mild form of robbery. [...] I have already suggested [Bk. II. chaps. i., ii.] as *the most eligible* [a p. da 3ª ed.: '*a possible*'] mode of restraining the accumulation of large fortunes in the hands of those who have not earned them by exertion, a limitation of

---

foi mais longe, precisamente neste passo, ao encontro do irremissível corolário lógico da contraposição antes posta em relevo mas, ainda assim, ilogicamente exceptuando do raciocínio que desenvolve as doações *inter vivos*, com base (ou com pretexto...) no (pre)conceito liberal do direito de *livre disposição* dos seus haveres por parte do *sui iuris* que, no entanto, como é patente, se não confunde (ou se não *deve* confundir...) com uma (aliás indefensável) «*capacidade ilimitada de aquisição gratuita*»: 'Nothing is implied in property but the right of each to his (or her) own faculties, to what he can produce by them, and to whatever he can get from them in a fair market; together with his right to give this to any other person if he chooses, and the right of that other to receive and enjoy it. It follows, therefore, that although the right of bequest, or gift after death, forms a part of the idea of private property, the right of inheritance, as distinguished from bequest, does not' (J. S. MILL, *Principles...*, II.ii.3, p 221), sendo, contudo, para mim óbvio que os dois excertos '*and the right of that other to receive and enjoy it*' e '*as distinguished from bequest*' são um puro *contra-senso*, que aliás se *evapora*, curiosamente, do excerto do autor dado a seguir no texto... Nos nossos dias, a *evasão* perante a *constrição* lógica do corolário poderá surpreender-se na tentativa de a remeter para o vazadouro decerto «*infra-marginal*» de um alegado «individualismo *grosseiro*», como sucede, p. ex°, com o conhecido par de mestres conformistas que escreve assim: 'Society may which to limit a person's right to acquire wealth by way of bequests, i. e., without "own effort." *Rugged individualism* [*sic!*] may be taken to call for this solution, with equal positions on the "starting gate" and open to inequalities that follow. In this case the tax is properly imposed on the heir, as is done by the inheritance taxes which apply at the state level' (Richard A. & Peggy B. MUSGRAVE, *Public Finance in theory and practice*, 5ª ed., NY &c., McGraw-Hill, 1989, cap. 25 (.2), p 432; *grifei*).

the amount which any one person should be permitted to acquire by gift, bequest or inheritance. Apart from this [...], I conceive that inheritances and legacies, exceeding a certain amount, are highly proper subjects for taxation; and that the revenue from them should be as great as it can be made without given rise to evasions, by donation *inter vivos* or concealment of property, so as it would be impossible adequately to check. The principle of graduation (as it is called), that is, of levying a larger percentage on a larger sum, though its application to general taxation would be *a violation of first principles* [a p. da 3ª ed.: '*in my opinion objectionable*'], *is quite unobjectionable as applied to legacy and inheritance duties* [a p. da 3ª ed.: '*seems to me both just and expedient*']'.

(John S. Mill, *Principles of Political Economy, with some applications to Social Philosophy* (1848[1]; ...; 1852[3]; ...; 1885[9]), '*New edition edited with an Introduction by Sir W. J. Ashley*', Londres, Longmans, Green & Co., 1909, reimpr. de 1929, V.ii.2.3, pp 808-9; *grifei*, salvo '*inter vivos*')

Os «*neo-liberais*» de hoje parecem ser, contudo, antes reais *conservadores* das efectivas *iniquidades* práticas enquanto corolário do imperativo categórico de salvação universal mediante o MPC em estado *puro e duro*, em alegado e permanente transe de «*equilíbrio automático*» (por *automática* obra e graça da «*lei da oferta e da procura*» inerente ao «*mercado*», que é tabu questionar) e «*crescimento sustentado de idade de ouro*», se for guardado, pelo poder político, o «*grau zero*» da *política* (que dizem «*macro*») *económica*! E assim vão professando temas e lemas «estritamente científicos», do tipo «*Enriquecer os ricos para que todos sejam felizes*» (i. e., '*en pays de mission*', «*Tirar aos pobres para dar aos ricos*», como diria o *Mau Ladrão*...), que impõe medidas como, p. ex°, a abolição do *Rendimento Mínimo Garantido* (RMG) por tal tender a abolir o tracto inferno da «*curva em S*» (mais propriamente, «*em contra-S*», ou «*em foice*») da *oferta* («*atípica*») *de força de trabalho*, e o exercício de um (*contra-*)*agendum* de «*redistribuição*» às avessas (aliás, *de iure, hic et nunc*, grosseiramente inconstitucional: cf os n°s 1 e 4 do art° 104°

da CRP): nomeadamente, o *aprofundamento* das *desigualdades «de rendimento e de fortuna»* para aumentar as expectativas de lucros, o aforro, o investimento e o desenvolvimento. Constituindo eles agora, aqui, confessamente ou não, a impersonação do *pensamento dominante* entre os maiores dos grandes decisores (quer *económicos*, quer *políticos*), não admira, pois, que uma recente e necessária "maioria *qualificada*" de mais de "dois terços dos Deputados [*sic*] em efectividade de funções" (nos termos do n° 1 do *actual* art° 286° da *actualmente revistíssima* CRP) tenha convindo, há cerca de três anos, em *abolir* o *actual* (embora *arcaico*) ISSD, a substituir por uma nova "tributação do *património*", combinação de que proveio a rara situação que se passa a expor.

A LC n° 1/97, de 20 de Setembro, mandou substituir, no n° 3 do *anterior* art° 107°, e actual art° 104° da CRP (*"O imposto sobre sucessões e doações será progressivo, de forma a* contribuir para a igualdade entre os cidadãos"), o excerto *grifado* pelo seguinte: "*A tributação do património deve*". À parte outras considerações óbvias (como a que, desde logo, nos assegura de que *uma coisa não poderia substituir a outra...*), a situação legal *então criada* (e *entretanto mantida*) é a seguinte: *Actualmente* (em *Portugal, ano 2000*), não estando ainda instituída (e, muito menos, *em vigor*) a prometida "tributação do *património*", e *permanecendo em vigor* (continuando, pois, a *ser cobrado*, tanto quanto possível...) o ISSD, a velha norma do anterior n° 3 do anterior art° 107° da CRP deixou de vigorar, i. e., de *constranger o fisco*, no seu já extractado alcance normativo, ao passo que, *«em compensação»*, a nova norma do actual n° 3 do actual art° 104° actualmente *vigora para o outro mundo*, por óbvia falta de objecto actual *neste mundo*! E assim vão as coisas, nesta actual DRD ([47])...

([47]) A sigla «DRD» vale por «Democracia Representativa Degradada»: cf a minha já citada lição *Sobre o "estado" ou "governo" como*

6.3 Seja, por fim, o (*mau*) exemplo de *imposto directo constantemente regressivo* (i. e., uma *capitação*) constituído pela alegada "**Taxa** *Nacional de Radiodifusão*", cuja *colecta fixa*, para agregados familiares apanhados em flagrante consumo doméstico de energia eléctrica e não "*isentos por consumo*" perfaz, neste corrente ano 2000, o montante anual de 12 × 278$00 = 3 336$00... Trata-se, é claro, de um *imposto directo* que, tal como o IRS (apesar do seu *nome*...), incide pessoalmente sobre "agregados familiares", porém agora *grosseiramente* liquidado, numa *medida universal* — e não de uma, aliás, veementemente alegada *taxa* em sentido próprio, instituída como correspectivo de presumidos serviços públicos da entidade a que a receita está consignada: a RDP (⁴⁸) —, *mediatamente* cobrado (*por intermédio*

---

operador económico (sep. do vol. 42 do BCE, de 1999), *passim*, especialmente os §§ 14.3 e 15.2.

(⁴⁸) Cf as notas 32 e 41, e os lugares aí citados. Nesta nota tardia, apenas se observará que o lamentável e lamentoso discurso legislativo que tenta a justificação deste *imposto* grosseiro grosseiramente *rebuçado de taxa* não poderia fundamentar-se em se tomar o consumo doméstico de energia eléctrica como "*índice*" do *consumo* de um insinuado e presumido «*bem*» "*serviços públicos* prestados pela RDP", uma vez que, por um lado, (1) se não indaga sobre se há ou não *mera possibilidade física* de fruir os requintes de bem estar (noticioso, religioso, cultural e recreativo) presumidamente proporcionados pelos «trabalhadores da RDP» aos infiéis contribuintes (a decidir pela existência, *ou não*, de *rádio-receptor* na habitação), e que, por outro lado, (2) se arvora em *facto jurídico* gerador da *relação jurídica tributária* (sempre, portanto, *coerciva*...) o simples *an* do (e não o *quantum* de) "*consumo doméstico de energia eléctrica*", desta maneira utilizado como *azo* ou *pretexto* para a *tributação*, e não enquanto sua *causa*; à conclusão *tirada* nada *tira* nem *põe* (apenas *rapa, como sempre*: cf a nota 39...) a circunstância de a *colecta global* desta *capitação* estar *consignada*, como receita pública que é, ao financiamento da empresa pública que dela vem a desfrutar; por fim, (3) a par da *fixidez* inerente à *colecta prefixa* desta triste figura de direito fiscal, a já referida medida discriminatória constituída pela "*isenção por [baixo]* consumo [de energia eléctrica para

de uma das tradicionais *«companhias magestáticas»* portuguesas, recente ex-titular do longo *monopólio* da distribuição de energia eléctrica: a EDP) — e, tudo isto, segundo a prosa oficial, com a comovente finalidade de obedecer ao imperativo categórico de assegurar as *"fontes de receita* dos *trabalhadores* da Emissora Nacional" ([49])!

7. Conclusões

7.1 Posta ou proposta a "teoria *pura* da imposição" que agora atinge o seu final (aliás, adrede rodeada de algumas *impurezas* da *pura* perspectiva *«analítica»*, que aqui também se exercitou...), importa concluir este novo discurso, que se pretende utilitário, não só (nem talvez tanto...) do prisma da didáctica, mas sim da perspectiva cívica e humana em geral, sempre a mais elevada — e *racionalizar* temas e problemas é, pelos vistos, sempre mais do que útil: é sempre necessário, mesmo fundamental.

7.2 Ao longo deste longo percurso, estabelecemos uma *certeza* elementar para tomar a vez de uma *superstição* rudimentar: A "progressão *contínua*", sempre possível, cumpre-se, actualmente e universalmente (em relação ao

---

uso doméstico]" é uma *isenção fiscal* crassa e patente, por ventura explicável segundo o *critério de repartição dos impostos* (a "*capacidade* de pagar", embora usando o *quantum* de consumo de energia eléctrica para uso doméstico, algo abusivamente, como *índice* do "rendimento real"...), mas nunca segundo o *critério de repartição das taxas* (a *medida do uso*): cf as notas 17 e 40.

([49]) Por mais inverosímil que tal pareça, é este o exacto teor *literal* de um passo que «merecia» ser célebre do *relatório* do Dec.-Lei nº 389/76, de 24 de Maio, que criou a figura: cf, de novo, a já referida nota 5 do meu artigo *Imposto regressivo e redistribuição*, no vol. 38 do BCE, de 1995.

núcleo problemático aqui explorado), mediante uma espécie de *imposto directo progressivo* — peculiar ao "estado (de direito) *social*" dos nossos dias — realmente bem nascida: a "progressão *por escalões*" como modalidade *extensa* e *gradual* de "progressão *por dedução*"; daí o perfil caracteristicamente *ondulante* da sua "taxa *efectiva*" *decrescentemente crescente* (ver a figura 8).

7.2.1 São, pois, *pelos vistos*, inteiramente destituídas de fundamento «científico» superstições derivadas, como a de se poder ser «penalizado ao *saltar de escalão*», o que é uma *impossibilidade lógica*, ou a de que, enriquecendo um pouco, se poderá vir a pagar a uma "taxa *efectiva*" «de 40 %», outra *impossibilidade lógica* que já vi afirmar, mui pernosticamente, e sem pestanejar, a mais que um «cidadão preeminente»!

7.2.2 Os promotores do «estado de direito *liberal*», surgido após o triunfo e consolidação das revoluções burguesas ou liberais que introduziram a «Idade Contemporânea», segundo a já referida periodização tradicional, ocorrem como promotores do *imposto directo e único, proporcional*, em oposição à *multiplicidade irredutível* de impostos *indirectos* (com prestações *de coisas* e prestações *de facto*, do tipo dos *«direitos dominiais»* das *classes dominantes* à prestação de *«serviços»* obrigatórios por membros do *«terceitro estado»*) peculiares ao 'ancien régime' ou 'Spätfeudalismus' a que, precisamente, se vieram opor. Contudo, desde sempre e, sobretudo, com o advento e consolidação do «estado de direito *social*» e os seus novos *agenda*, houve que transigir com com a existência, a par do *imposto directo progressivo*, de uma «progressivamente» acentuada multiplicidade fiscal, por razões evidentes, mais da esfera ou foro da *necessidade* do que da esfera ou foro da *liberdade*.... Ficam, contudo, frente a frente, *dois princípios contrários*, para não dizer contraditórios, que podemos chamar *do direito* ou *dos factos*, da *consciência* ou da *ilusão*, e poderemos encabeçar num par de conhecidos vultos políticos de há mais de século e meio: o *liberal* norte-americano Channing e o *reaccionário* profissional francês Thiers, aliás num par de passos lapidares, que a seguir se transcreve:

Ao passo que o segundo, para quem o imposto *directo* era o *estigma* dos «povos *bárbaros*», e o *indirecto* o *carisma* dos «povos *civilizados*», exactamente no mesmo "ano de todas as revoluções", anela, apaixonadamente,

> 'Que l'impôt se répartit à l'infinit, et tende a se confondre avec le prix des choses, au point que chacun en supporte sa part, non en raison de ce qu'il paie à l'État, mais en raison de ce qu'il consomme',
>
> (Adolphe Thiers, *De la propriété* (1848), cap. V, *ap.* Léon Walras, *L'impôt* (1861), IV.I, p 448, nos seus *Études d'Économie sociale*, 'Édition définitive par les soins de G. Leduc', Lausanne, F. Rouge et Cie, 1936, pp 377-485; cf. Robert Jones, *The nature and first principle of taxation*, Londres, P. S. King & Son, 1914, II.7.3, p 121)

o primeiro afirmara, quase vinte anos antes, que não há *liberdade* sem se (re)conhecer o próprio *preço da liberdade*:

> 'We [...] attach no importance to what is deemed the chief benefit of tariffs, that they save the necessity of direct taxation, and draw from a people a large revenue without their knowledge. In the first place, we say, that a free people ought to know what they pay for freedom, and to pay it joyfully, and that they should as truly scorn to be cheated into the support of their government, as into the support of their children. In the next place, a large revenue is no blessing. An overflowing treasury will always be corrupting to the governors and to the governed'.
>
> (William E. Channing, *The Union* (1829), *ap.* Robert Jones, *The nature and first principle of taxation*, Londres, P. S. King & Son, 1914, II.6.5, p 113)

Da perspectiva da *administração fiscal* — da *"ilusão financeira"* (e das suas alegadas *«vantagens»*, é claro que *para o fisco*....), para recorrer à expressão epónima de um livro de um autor usualmente tido por *«infra-marginal»* e actualmente ressuscitado, A. Puviani ([50]) —, o IRS que, actualmente, cumpre, por excelência, de modo universal, a referida figura do "imposto progressivo *por escalões*" no domínio crucial dos impostos directos, assustará observadores irreflectidos (como se observou), mas *irracionalmente* (como se viu). Da *perspectiva cívica* é, no entanto, uma realização *quase* perfeita do *ideal* dos mais consequentes dos promotores do *estado de direito*, que concebiam o *dever cívico* de *contribuir* para o financiamento das despesas públicas como um *dever fundamental* a exercer *esclarecidamente*, de olhos bem abertos — nunca *«iludidos»* e, muito menos, *«anestesiados»* por um fisco insaciável, ínvio e nocturno, manhoso e videirinho —, com clara consciência das decisões políticas *quantificadas* (como que *«materializadas»*) em receitas e despesas públicas *patentes*, e dos critérios que devam presidir a essas decisões, o que, logicamente, exigiria a unicidade da imposição sob essa mesma espécie, leal e escancarada, tão acessível e discutível como escorreita e racional.

([50]) A devida referência é a seguinte: Amilcare PUVIANI, *Teoria dell'illuzione finanziaria* (1903[1]), reedição 'a cura di Franco Volpi', Milão, ISEDI, 1973. Quanto à *espécie «anestesia fiscal»* do *género «ilusão financeira»* (um engano *infligido* com *dolo negativo, reticência* ou *má fé*; a *'non disclousure'* do direito inglês; *'suppressio ueri'* ou *'subrepção'*, na tradição romanista (cf, ainda e sempre, Manuel de ANDRADE, *Teoria geral da relação jurídica*, Coimbra, Livraria Almedina, 1960, §§ 135-6 *a*), trata-se agora de uma óbvia *metáfora*, de há muito conhecida dos financistas europeus *continentais* (incluindo os portugueses, pelo menos desde Marnoco e Sousa), da autoria, ao que parece, do francês financista Félix Esquirou DE PARIEU, a meio do séc. XIX. Mas isso é outra história, a explorar depois.

7.2.3 Mas, como vimos extensamente, a multiplicidade fiscal, decerto labiríntica, a que chegámos hoje parece quase irredutível, e o remédio é sofrê-la como fatalidade, segundo o dito bem conhecido e já idoso de Benjamin Franklin sobe *ambas as fatalidades* (a *morte* e os *impostos*).

Resta, porém, ainda e sempre, o exercício de uma cidadania que pressupõe conhecimento e pensamento problemático, sob todos os ângulos, mais ou menos *visíveis*, da «matéria fiscal».

Resumo

Teoria pura da imposição

Na actual peça analítica, o autor analisa, principalmente, *cinco* tipos de impostos directos, e crê ter obtido os *cinco* principais resultados seguintes:

1. Enquanto primeiro passo, a análise da "imposição *proporcional*" revela que o simples facto de se introduzir uma *isenção na base* neste tipo de imposto implica a emergência, entre uma "zona de taxa *zero*" e uma "zona («*normal*») de taxa *fixa*", de uma *zona intermédia* com uma imposição mediante "taxas *virtuais* decrescentemente progressivas", a que se pode, com propriedade, chamar "imposto de *Procusto*", deixando todos os que possuam uma matéria colectável abrangida nos seus limites o mesmo *rendimento disponível*, igual ao montante da *isenção*.

2. Como segundo passo, analisa-se formalmente o tipo prático mais simples de imposição progressiva, a "progressão *por classes*" que, no entanto, junto com a introdução de uma medida inevitável, segundo a qual a ninguém deve ficar um *rendimento disponível* inferior ao que lhe ficaria se a sua matéria colectável coincidisse com o *tecto* da *classe anterior*, dará lugar à emergência de $n - 1$ *zonas intermédias* de "imposto de *Procusto*", entre as n classes, com suas n taxas próprias.

3. Enquanto terceiro passo, é analisado o tipo teórico da "progressão *por dedução*", que se revela como um tipo seminal de imposição progressiva, estando na base da espécie crucial constituída pelo tipo seguinte.

4. Enquanto quarto passo, analisa-se, detidamente, o mais recente e hoje quase universal tipo prático de imposição progressiva, a "progressão *por escalões*", que o autor identifica como constituindo, após um $1.^\circ$ grupo de imposição proporcional, uma *série interrompida* de $n - 2$ zonas de "progressão *por dedução*", seguidas por uma *última zona* (a do n° *escalão*) de *pura* "progressão *por dedução*".

78   *Teoria pura da imposição*

5. Enquanto quinto passo, o autor reedita uma sua análise anterior do imposto de *"capitação"*, que se revela como a *única espécie* do *género "imposto constantemente regressivo"*, com a *colecta universal* como *razão de proporcionalidade inversa* entre as *"numerosas"* matérias *colectáveis* e um conjunto de *"igualmente numerosas"* taxas *virtuais*.

Tece-se, finalmente, uns quantos comentários sobre os "Primeiros princípios dos impostos" e sobre a inquietente actualidade fiscal portuguesa.

Palavras-chave:
"Imposição", significando «tributação»; capitação; "imposto de *Procusto*"; imposto progressivo (por classes; por dedução; por escalões); imposto proporcional; imposto (constantemente) regressivo; "taxa *virtual*"; "princípios fundamentais em matéria de impostos"; A. THIERS e W. E. CHANNING, sobre impostos directos e indirectos.

Abstract

A pure theory of imposition

In his current piece of (pure) analysis, the author mainly analyses *five* theoretical types of *direct taxes*, and he arrives to the following *five* main results:

1. As a first step, an analysis of *"proportional* taxation" reveals that the simple fact of introducing an exemption for lowest tax bases implies the emergence, between a *"zero rate* zone" and a *"fixed («normal») rate* zone", of an intermediate (third) zone with a "decreasingly progressive *virtual* tax rates" imposition that may properly be called a *"Procrustean* taxation", which leaves to everyone with a tax base within its limits the same *disposable income*, equal to the amount of the *exemption*.

2. As a second step, a formal analysis of the "progression *by classes"* type of imposition follows, the simplest practical type of progressive imposition that, nonetheless, together with the introduction of an unavoidable rule after which "nobody must be left with a *disposable income* inferior to that which is to be left to those possessing a tax base equal to the *upper limit of the precedent class"*, originate the emergence of $n - 1$ *intermediate zones* of *"Procrustean* taxation" between the n classes with their own *fixed* tax rates.

3. As a third step, the theoretical type of "progression *by deduction"* is analysed and revealed as being a seminal type of progressive taxation, at the origin of the following, crucial type.

4. As a fourth step, the more recent and nowadays almost universal practical type of progressive imposition, "progression *by brackets"*, is also analysed and identified as constituting, after a first bracket that corresponds to a proportional taxing zone, an *interrupted series* of $n - 2$ "progression *by deduction"* zones, followed by a *last zone* (the nth bracket zone) of *pure* "progression *by deduction"*.

5. As a fifth step, direct *"lump-sum* tax" (say, for instance, *"poll tax"*) is also analysed and identified as being the only *species* of the *genus "constantly regressive taxation"*, with a potentially infinite set of *virtual tax rates* which are *inversely proportional* to every *tax base*, for a *constant of proportionality* represented by its *universal tax liability*.

Some comments on the *"First principles* of taxation" and on the current Portuguese taxing system and crisis are finally added.

Keywords:

"Imposition", meaning "taxation"; Lump-sum taxes; Poll tax; *"Procrustean* taxation"; Progressive taxation (by classes; by deduction; by brackets); Proportional taxation; (Constantly) Regressive taxation; *"Virtual* tax rate"; "First principles of taxation"; A. THIERS and W. E. CHANNING on direct and indirect taxation.

Índice

Advertência	5
1. Quatro noções fundamentais	9
2. O imposto proporcional	16
3. O imposto progressivo	21
3.1 A progressão contínua	21
3.2 A progressão por dedução	28
3.3 Modalidades «práticas» de imposto progressivo	33
3.3.1 A progressão por classes	33
3.3.2 A progressão por escalões	40
4. Confronto entre ambas as espécies	52
5. O imposto regressivo	55
6. O sistema fiscal português	59
7. Conclusões	72
Resumo e palavras-chave	77
Abstract and keywords	79